HOMOSSEXUALIDADE E FAMÍLIA

L864h López Sánchez, Félix.

Homossexualidade e família : novas estruturas / Félix López Sánchez ; tradução Carlos Henrique Lucas Lima. – Porto Alegre : Artmed, 2009.

136 p. ; 23 cm.

ISBN 978-85-363-1706-9

1. Homossexualidade. 2. Família. 3. Direito a adoção. 4. Homofobia. 5. Bifobia. I. Título.

CDU 613.885

Catalogação na publicação: Renata de Souza Borges CRB-10/Prov-021/08

FÉLIX LÓPEZ SÁNCHEZ
Professor na Universidade de Salamanca

HOMOSSEXUALIDADE E FAMÍLIA

NOVAS ESTRUTURAS

Tradução
Carlos Henrique Lucas Lima

Consultoria, supervisão e revisão técnica desta edição
Fernando Seffner
Professor do Programa de Pós-Graduação na Faculdade de Educação da Universidade Federal do Rio Grande do Sul. Pesquisador do Grupo de Estudos de Educação e Relações de Gênero (GEERGE).

2009

Obra originalmente publicada sob o título *Homosexualidad y familia: Lo que los padres, madres, homosexuales y profesionales deben saber y hacer*

ISBN 9788478274451

Capa: *Tatiana Sperhacke - T@T studio*

Preparação de original: *Marcelo Viana Soares*

Leitura final: *Luciane Corrêa Siqueira*

Supervisão editorial: *Carla Rosa Araujo*

Projeto Gráfico
Editoração eletrônica
DG & D – Departamento de Design Gráfico e Digital

Reservados todos os direitos de publicação, em língua portuguesa, à
ARTMED® EDITORA S.A.
Av. Jerônimo de Ornelas, 670 – Santana
90040-340 Porto Alegre, RS, Brasil
Fone (51) 3027-7000 Fax (51) 3027-7070

SÃO PAULO
Av. Angélica, 1091 - Higienópolis
01227-100 São Paulo SP
Fone (11) 3665-1100 Fax (11) 3667-1333

SAC 0800 703-3444

IMPRESSO NO BRASIL
PRINTED IN BRAZIL
Impresso sob demanda na Meta Brasil a pedido de Grupo A Educação.

Sumário

Introdução

Por que um livro sobre homossexualidade e família?

São muitas as razões que tornam este livro necessário e útil. Vejamos algumas.

A primeira delas é que, finalmente, é possível escrever sobre esse tema. Até bem pouco tempo, não se podia falar sobre homossexualidade. Ser homossexual era considerado perigoso. A homossexualidade era vista como uma patologia ou como um desvio sexual. A ignorância, o silêncio e os tabus a respeito do tema impediam a investigação e, consequentemente, as publicações acerca da homossexualidade.

É importante considerar a primeira razão, visto que muitas pessoas hoje em dia, que nasceram e viveram algum tempo sob regimes ditatoriais, foram educadas com ideias errôneas e até perversas. Isso significa que muitos pais e avós de homossexuais conviveram com esses conceitos e crenças, os quais podem agora criar dificuldades para eles, na medida em que se veem diante de um filho ou neto homossexual.

A segunda razão conecta-se com a primeira. O tema da homossexualidade é muito debatido ainda hoje. Lamentavelmente, muitas pessoas continuam alicerçadas em um modo de pensar e sentir sexofóbico (porque essas atitudes não são somente maneiras de pensar, mas também de sentir, de medo irracional da homossexualidade) que as leva a não aceitar filhos, netos, amigos, conhecidos, vizinhos, etc. que sejam homossexuais.

Esse comportamento não diz respeito tão-somente a pessoas, mas também a instituições poderosas e influentes, como a Igreja Católica (embora nem todos os bispos, o restante do clero e os fiéis apresentem comportamento homofóbico), que continuam a ver com desconfiança a homossexualidade. Os homossexuais, esses grupos dizem, não são os culpados pelo seu problema, pelo contrário, sofrem uma desordem, têm uma enfermidade (sua orientação sexual, sua atração por pessoas do mesmo sexo) com a qual convivem, devendo renunciar a todo comportamento sexual e, consequentemente, a namorar, a ter filhos ou adotá-

As mães e os pais não podem fazer seus filhos sofrerem simplesmente porque eles são diferentes

los; ou seja, é negada toda possibilidade de resolver suas necessidades sexuais e afetivas.

Este livro, portanto, não é só conveniente, mas também necessário para ajudar a todas as pessoas que são vítimas da ignorância e do preconceito contra os homossexuais.

O livro também é necessário para quem, não tendo esses preconceitos, ainda tem dúvidas ou se sente confuso por não saber verdadeiramente qual postura adotar diante do tema. São cidadãos dispostos a buscar informações, favoráveis às mudanças que podem melhorar a vida das pessoas – aí incluídos os homossexuais – mas que se sentem inseguros sobre que tipo de mudança é mais oportuna, especialmente quando essas mudanças estão relacionadas à infância. Seria ir longe demais permitir que homossexuais se casem, que tenham filhos ou que os adotem?

Escrevemos este livro tendo em mente estes dois grupos de pessoas fundamentalmente: os pais que têm filhos ou filhas homossexuais e os próprios homossexuais.*

Com efeito, no que tange aos pais com filhos homossexuais, ainda hoje se considera uma má notícia – até mesmo traumática para alguns – o fato de saber que tem um filho ou uma filha homossexual. É preciso que os pais aprendam a ter uma reação melhor, que se sintam seguros quanto à "normalidade" de seus filhos e filhas homossexuais; é necessário que eles os aceitem incondicionalmente e que os ajudem de maneira eficaz. Pais, avós, tios, primos, enfim, toda a família, deve ter uma boa reação e fornecer apoio. Ao escrever este livro, pensamos em todos eles.

A finalidade deste livro é clara: ajudar os próprios homossexuais a se sentirem bem consigo mesmos; a saberem comunicar à família, aos amigos, e a quem considerarem oportuno, sua forma de ser e de se sentir, para que, de uma vez por todas, resolvam suas necessidades sexuais e afetivas.

Os profissionais (psicólogos, psiquiatras, educadores, assistentes sociais e médicos de família) encontrarão informações e orientações relevantes para sua prática profissional.

Temos que criar as condições para que os homossexuais possam viver essa diversidade dentro e fora da família

Por último, em um momento em que muitos homossexuais tornam pública sua orientação sexual, namoram, têm filhos e adquirem o direito de se casar e de adotar crianças, é necessário fundamentar a positividade dessas mudanças e ajudar a normalizar suas vidas.

---

* N. de R.T. No Brasil os termos mais usados são gay (para homossexual masculino) e lésbica (para homossexual feminino).

O testemunho que segue é um bom exemplo do que os homossexuais sofreram e seguem sofrendo, vítimas de preconceito, ignorância e homofobia:

"

Os problemas começaram para mim, sobretudo, a partir dos 13 anos. Eu antes me sentia um pouco esquisito, mas não sabia muito bem o porquê, embora recorde que gostava muito de estar com meus amigos, nas brincadeiras em que isso era possível. Inclusive me tocava, me masturbava, e me assustava, porque enquanto fazia isso me vinha à cabeça o corpo ou partes do corpo de um amigo do mesmo sexo.

Mas foi aos 13 anos que tudo mudou, porque me apaixonei loucamente por João, um de meus amigos. Queria estar sempre com ele, sonhava com ele. Ele não saía da minha cabeça enquanto me masturbava. Minha cabeça estava como um moinho de vento, dando voltas em torno de si mesma. Claro que fazia o possível para que ninguém notasse, principalmente João. Eu ficava muito triste porque ele se assanhava para as meninas; era muito bonito e elas davam muita bola para ele. Eu ficava desesperado!

Mas o pior de tudo era que não sabia muito bem o que estava acontecendo comigo, me sentia esquisito e assustado, embora não pudesse negar meu interesse por João. Era mais forte que eu. Cheguei a pensar que estava louco ou algo parecido.

Eu havia ouvido falar da homossexualidade, mas, na realidade, não sabia nada e nunca havia conhecido alguém que fosse homossexual. Eu era homossexual ou simplesmente gostava de João?

Passava tão mal que não podia estudar, estava muito perturbado. Meus pais perceberam minha situação, mas não sabiam a razão.

Todo mundo começou a me achar esquisito – ou eu é que tinha essa impressão – mas ninguém sabia o motivo. Esse ano na escola foi horrível para mim. Algo que nunca havia acontecido passou a ocorrer: quase fui reprovado e meus pais me colocaram em aulas particulares. Acabei aprovado em tudo, mas com notas muito baixas.

Finalmente, meus conhecidos perceberam que se passava algo muito estranho comigo e que eu fazia coisas ainda mais estranhas em relação a João. Ele também desconfiou. Um dia me chamaram de "bicha", e disseram que eu perseguia João. Foi terrível, não sabia onde me meter. Fiquei uma semana sem ir à escola. Levaram-me ao psiquiatra, que me receitou ansiolíticos, porque eu apenas disse que estava nervoso.

No verão, como meus pais moravam no interior, longe da cidade, não via João e era muito pior. Foi um verão para esquecer, no qual chorei diversas vezes.

Quando iniciou o ano escolar seguinte, aconteceu que João arranjou uma amiga ou namorada, não sei ao certo; isso, então, foi o limite para mim. Pensei até em suicídio.

Tempos depois tive outras paixões, mas nenhuma tão forte como foi com João, que já nem ligava para mim, nem ao menos como amigo. Discutimos, nem sei o porquê, mas acredito que ele também desconfiava de algo. Então tudo acabou.

Não podia dizer nada em casa, apesar de começar a ter certeza de que era homossexual. Procurei informação, li coisas que me ajudaram em parte, embora tenha me enchido de medo quando descobri que seria homossexual para o resto da vida. Tinha medo de que alguém percebesse, que os amigos ou meus pais suspeitassem e que fosse verdade para sempre. Só fui aceitar muito tempo depois; na verdade, somente quando tive um namorado que me ajudou muito. Bom, eu o ajudei muito também.

Continua "

Continuação

A relação com meus pais foi se deteriorando, em parte porque comecei a ter mais problemas nos estudos e também porque passei a tratá-los de modo diferente. Claro, o mais importante para mim não podia dizer para eles. Falaram com o psicólogo do instituto, levaram-me para vê-lo, mas nunca me atrevi a dizer coisa alguma.

Aos 16 anos abandonei os estudos e comecei a trabalhar em vários lugares, indo de um lugar para outro. Cada vez tinha mais problemas para fazer amigos e fui ficando muito só.

Quando pude, fui para Barcelona. Aos 18 anos procurei trabalho e comecei a levar uma vida dupla, sobretudo frente à família, que não sabia nada da vida que eu estava levando. Foi assim, então, que conheci os primeiros homossexuais, que tive minhas primeiras relações sexuais e que, finalmente, tive um namorado. No entanto, meus pais não sabiam de nada.

Levei uma vida dupla há até um ano, quando com 28 anos contei, primeiro para minha irmã e logo depois para a família. Minha irmã teve uma reação muito boa e me ajudou para que nossos pais aceitassem. Minha mãe chorou muito, mas nunca me afastou. Hoje tenho boas relações com ela. Meu pai agiu de maneira completamente diferente; chegou a dizer que não queria saber mais de mim, que eu era sua vergonha; pouco a pouco, no entanto, vem se acostumando a ideia e agora parece que começa a aceitar também. (M., 29 anos)

Essa é uma história entre muitas. Certamente, uma história recente, mas o que ocorreu com M. antes?

Como comprovamos ao analisar esse breve relato, ainda hoje é importante que tomemos consciência de quão difícil é para um filho:

- Não poder contar “o mais importante para os pais”.
- Ter de se calar e se esconder.
- Perturbar-se tanto a ponto de ir mal nos estudos.
- Ser ofendido e isolado pelos amigos.
- Passar tão mal a ponto de pensar em suicídio.
- Ir embora de casa quando possível.
- Ir de um lugar para o outro, aprendendo tudo sozinho sobre a vida.

Após ter sua sexualidade aceita segue sofrendo por:

- Dúvidas e sofrimentos até se revelar para sua família.
- Ver sua mãe chorar pelo que ele é.
- Suportar a repulsa do pai.

Há, ainda, outras histórias até mesmo mais dramáticas e com finais piores. Claro que também há histórias menos sofridas, sobretudo atualmente.

Não é plausível que tentemos evitar tanta dor?

O que vamos encontrar neste livro?

Iniciaremos relatando, no primeiro capítulo, uma breve *história*, a mais recente, a que viveram muitos pais e avós de hoje, a fim de podermos entender e saber onde estávamos e o que resta desse passado. Nós somos a nossa história; conhecê-la é conhecer-se, e é o primeiro passo para bem orientar a conduta do presente e do futuro. Este capítulo é especialmente necessário, pois estamos em uma época de mudanças rápidas e importantes, que devem fundamentar-se sobre o conhecimento do passado e de nós mesmos.

No segundo capítulo, estudaremos *o que devemos saber*. Veremos que não se trata de substituir um preconceito contra a homossexualidade por outro a favor, mas sim de fundamentar nosso pensamento, nossas opiniões e nossas condutas em conhecimentos científicos. Para tanto, deixaremos claro o que ainda não sabemos, mas também o que sabemos: que os homossexuais podem ter uma vida normal, saudável, com bem-estar pessoal e social se não criarmos dificuldades para eles; que os homossexuais são diferentes, mas têm as mesmas necessidades que as demais pessoas; e que não há uma só razão científica ou profissional para negar a eles a intimidade afetiva e sexual.

Dedicamos o terceiro capítulo ao *que não devemos fazer*. À origem e as consequências da homofobia, ao repúdio da homossexualidade e bissexualidade.

No quarto capítulo, trataremos de *o que devemos fazer*. Esse capítulo está fundamentalmente orientado a auxiliar pais com filhos ou filhas homossexuais. Será muito útil, também, para os profissionais, pois apresenta propostas práticas. Há, ainda, orientações para os homossexuais com o objetivo de facilitar a comunicação e a forma de relacionamento com suas famílias.

No quinto capítulo, pretendemos *ajudar os pais a aceitar que seus filhos e suas filhas homossexuais possam vir a namorar.*

E, por fim, no sexto e último capítulo, apresentaremos o novo tipo de família, *as famílias homoparentais*, formadas a partir de um casal homossexual. Trataremos, também, do debate acerca da *adoção de crianças* por parte de casais homossexuais.

Abordaremos temas atuais e polêmicos: podemos e devemos aceitar um novo tipo de família, cujos pais ou mães são homossexuais, as chamadas famílias homoparentais (com os dois pais do mesmo sexo)? É plausível aceitar que um casal homossexual possa adotar filhos e filhas? Tentaremos fundamentar nossa postura e orientar esse tipo de pai ou mãe para que supere as possíveis dificuldades.

VOCABULÁRIO QUE VAMOS USAR

Heterossexuais: pessoas que manifestam atração sexual e afetiva por pessoas de outro sexo.

Homossexuais: pessoas que manifestam atração sexual e afetiva por outras de seu mesmo sexo.

Bissexuais: pessoas que podem sentir-se atraídas por pessoas de ambos os sexos.

Famílias homoparentais: os pais ou mães são um casal formado por pessoas do mesmo sexo.

Gay: outra forma de se referir a homens homossexuais.

Homo: "igual" (quer dizer, neste caso, do mesmo sexo).

1

Um pouco de história para nos entendermos: a família e a homossexualidade

PERGUNTAMOS:

- O que ocorria há até poucos anos, quando uma família tinha um filho ou uma filha homossexual? O que este filho ou esta filha costumava fazer? Como os pais costumavam reagir?
- O que mudou atualmente? Que mudanças favorecem a aceitação dos filhos homossexuais e o que falta para formalizar esse tema ainda?
- Que custos há para o filho ou a filha homossexual e para a família em que a homossexualidade não seja aceita?
- Como você reagiria se tivesse um filho ou uma filha homossexual?
- Como as pessoas reagem quando o filho ou a filha de um conhecido é homossexual?

FALAREMOS SOBRE:

- A família e a homossexualidade, que sempre foram temas irreconciliáveis.
- As mudanças que estão ocorrendo.
- As dificuldades que ainda persistem.
- Como somos a nossa história.

Família e homossexualidade, duas realidades que sempre foram incompatíveis

Há até pouco tempo, a homossexualidade e a família eram duas realidades irreconciliáveis, sendo que somente se podia pensar em uma família com pais e filhos heterossexuais. Por isso, os filhos que nasciam homossexuais não eram bem-vindos, sendo considerados um grande problema. Os pais não os desejavam, sentiam-se muito mal, culpados, porque esses filhos representavam um erro da natureza e contradiziam o projeto de filho ou de filha que tinham em mente.

> Foi uma surpresa e nos causou um verdadeiro trauma. Não conhecíamos nenhum homossexual e pensávamos, esta é a verdade, que a homossexualidade era uma doença ou algo parecido. Quando soubemos que nosso filho de 14 anos era homossexual não pudemos acreditar e nossa primeira reação foi pedir ajuda para fazê-lo mudar. Eu chorava o tempo todo, e meu marido estava completamente desolado: por que está acontecendo isso com o nosso filho, onde erramos, o que vai ser dele? Escondemos o fato de todas as pessoas. Meu marido bateu muito em nosso filho, e quando ele completou 18 anos foi embora de casa para uma cidade grande muito longe de onde morávamos. Eu acompanhei tudo sem saber o que fazer.
>
> (Mãe de homossexual)

As *consequências* da forma da família ver e de se comportar podiam chegar a situações dramáticas:

- Os filhos homossexuais tinham que esconder sua homossexualidade, chegando, frequentemente, a afastar-se da família, fugindo para outra cidade. “Não podia dizer nada. Fui embora de casa, para o mais longe possível”.
- Os filhos homossexuais sofriam por muitos anos, ou por toda a vida, a ambivalência, a contradição de, por um lado, querer estar com a família e, por outro, serem descobertos e rejeitados, etc. “Me amam e eu os amo, mas eles não conseguem entender”.
- De fato, muitos filhos e muitas filhas homossexuais escondiam da família sua homossexualidade durante toda a vida. “Meus pais nunca chegaram a saber”.

Se a homossexualidade dos filhos acabava sendo descoberta pela família, as reações eram muito diversas; no entanto, era impossível aceitar o parceiro do filho ou da filha homossexual.

Às vezes, alguns familiares, especialmente a mãe, finalmente reagiam bem, depois de um período traumático, mas não era possível chegar a aceitar o relacionamento dos filhos homossexuais com seu companheiro, porque outros familiares, amigos, vizinhos, etc. não o aceitava bem. “Minha mãe foi maravilhosa, ignorou todas as normas e convenções sociais”.

Esses companheiros dos homossexuais não só não eram reconhecidos legalmente, como chegavam a ser perseguidos (por exemplo, pela Lei de Periculosidade

Social* do franquismo), privados de seus direitos de cidadão ou, no melhor dos casos, ignorados.

Os filhos ou as filhas homossexuais somente podiam estar em família quando estavam com seus parentes sem os seus companheiros.

> Em todos os dias de Natal, deixava meu companheiro em Barcelona e vinha para o interior para ficar com minha família. Meu companheiro fazia o mesmo com sua família. No dia mais familiar não podíamos estar juntos. E isso que o tempo todo se falava em amor, lar, fraternidade... Natal. No dia em que se comemorava o nascimento do Deus do amor não podíamos nos ver.

CASOS:

1. Lucas tem 15 anos, sabe e sente que é homossexual. Não está certo de que isso seja normal. Vive em uma cidade pequena, não é capaz de contar nada para ninguém. Sofre tanto que cai em depressão. O médico o trata como depressivo.
2. Carmem tem 35 anos. É lésbica. Foi embora de casa e de sua cidade, uma capital de estado, e vive já há 10 anos em Madri. Tem namorada, mas para a sua família são simplesmente amigas. Quando vai para sua casa, dormem em camas separadas, para não levantarem suspeitas. No Natal, cada uma passa com sua família.
3. Luis e André têm 65 anos. São homossexuais e se amam. Desejam viver como casal e morar na mesma casa, mas não podem nem cogitar isso.

As coisas começam a mudar

As pessoas sabem o que é a homossexualidade e dizem aceitar os homossexuais, pelo menos teoricamente, e quando se trata da homossexualidade de pessoas que não pertencem à própria família. Atualmente, muitas pessoas conhecem homossexuais e os aceitam no mundo artístico, na classe docente, na classe trabalhadora e no meio social. A plena aceitação não é um fenômeno generalizado, mas, pouco a pouco, vem ganhando espaço.

Os meios de comunicação mostram frequentemente personagens homossexuais.

Os partidos políticos flexibilizaram seus programas, buscando, claramente, o voto dos homossexuais.

*N. de T. Na espanha, Lei de Reabilitação e Periculosidade Social encarcerou cerca de 1000 homossexuais durante o governo franquista no período de 1970 a 1979 por considerá-los propensos a cometer atos criminosos ou antissociais.

COMENTÁRIOS:

1. Se Lucas pudesse contar para seus pais que gostava de meninos, e estes tivessem aceitado; se na escola tivessem tratado a homossexualidade como uma orientação do desejo compatível com a saúde; se os médicos o tivessem questionado a respeito disso... se... estivesse em outra sociedade..., teria se aceito como homossexual e não teria se deprimido. Isso seria o natural, se os preconceitos e a ignorância não o tivessem perseguido.
2. Se os pais aceitassem Carmem e sua companheira, então todos seriam beneficiados. Carmem estaria feliz com seus pais; eles aproveitariam a companhia da filha, talvez tivessem mais uma filha (a companheira de Carmem) e desfrutariam de todas as vantagens provenientes dos vínculos familiares.
3. Se nas famílias fosse aceita a orientação do desejo com normalidade, poderiam se formar casais homossexuais e lésbicos. Essas pessoas, em lugar de se esconder, poderiam formar vínculos afetivos e sexuais que as tirariam de sua solidão, e elas poderiam desfrutar como um casal os últimos anos de suas vidas.

Algumas cidades reconheceram os direitos dos homossexuais, tanto legalizando o casamento, quanto concedendo o direito a adotar crianças

O governo espanhol deu um passo decisivo ao aceitar, em igualdade de condições com os heterossexuais, o casamento entre homossexuais e a possibilidade deles adotarem filhos, formando casais homoparentais, isto é, com pais do mesmo sexo.*

As mudanças parecem e são espetaculares, mas estão distante de terem se generalizado pela população. As famílias reagem de formas extremamente diferentes e cada vez melhor diante do fato de ter filhos homossexuais, mas ainda há muito caminho pela frente.

Algumas cidades espanholas reconheceram os direitos dos homossexuais, tanto legalizando o casamento, quanto concedendo o direito a adotar crianças.**

Ainda hoje, a maioria dos pais recebe como uma má notícia, inclusive traumaticamente, o fato de seu filho ou sua filha ser homossexual. É precisamente essa reação inicial a que menos mudou, embora haja pais que dominem seus temores – inclusive desde o começo –, mas são os menos numerosos.

---

*N. de R.T. No Brasil, a justiça tem concedido o reconhecimento da união estável homossexual em muitos casos. Até o momento, não há o reconhecimento do casamento para homossexuais. Tramita no Congresso, há muitos anos, um projeto de lei de parceria civil.

**N. de R.T. Numerosos municípios brasileiros têm leis que protegem a liberdade de expressão sexual. Há um pequeno número de decisões judiciais favoráveis à adoção de crianças por casais homossexuais na justiça brasileira. Há numerosas decisões judiciais concedendo a guarda ou adoção de crianças para homossexuais solteiros.

Esses pais reagem mal devido à educação negativa que receberam durante sua infância e juventude (quando os homossexuais eram malvistos), por estarem mal-informados sobre a homossexualidade e porque temem que seu filho ou sua filha homossexual tenha que sofrer muito nesta sociedade.

Além disso, ainda são muitos os homossexuais e as lésbicas que escondem dos pais, pelo menos por alguns anos, sua opção sexual, por medo de sua reação e para evitar seu sofrimento. Contar aos pais ainda é difícil. Isso reflete que ainda estamos longe da plena aceitação.

No sistema educativo e familiar, segue-se educando as crianças como se não houvessem homossexuais, pois quando um adolescente ou jovem tem consciência de que é homossexual, surpreende-se e sente-se completamente angustiado, ameaçado, perturbado e desorientado, sofrendo durante anos ou, às vezes, por toda a vida. A educação de filhos e filhas, supondo-se que serão heterossexuais, produz uma surpresa quase sempre negativa, tanto nos pais quanto nos filhos: o inesperado desorienta, alimenta temores, podendo chegar a produzir rejeição até hoje.

O fato mais positivo, depois da reação inicial, quase sempre negativa, é que se os filhos falam com os pais a respeito de sua homossexualidade, sua vida emocional e social e as relações com toda a família costumam melhorar de maneira substancial. Podemos dizer que inúmeras famílias começam a estar preparadas para reagir adequadamente, senão no início, pouco tempo depois.

Muito embora as coisas estejam mudando, as dificuldades ainda não desapareceram. As maiores dificuldades dos pais costumam estar, além do choque inicial diante da notícia de que seu filho ou filha é homossexual, em conseguir uma socialização adequada para eles, conseguir que eles recebam o mesmo tratamento que um casal heterossexual tem. Para bem compreender isso, basta que nos perguntemos simples coisas como estas: os casais homossexuais podem comemorar – na condição de casal – junto com suas famílias a noite de Natal? Podem dormir juntos na casa dos pais? Podem conviver em sociedade como um casal? Recebem sua parte devida na herança quando do falecimento dos pais? E mais: a família e os amigos aceitam normalmente o casamento de parentes homossexuais? Se os aceitam, participam desses casamentos? Eles concordam que seu familiar homossexual tenha ou adote um filho?

O fato de o filho ou a filha homossexual evitar os riscos e viver bem depende, em grande parte, de seus pais e de suas mães

O dado mais esperançoso, em relação a esse aspecto do problema, é que os filhos e as filhas homossexuais que falam com a família sobre sua homossexualidade têm seu estado emocional e seu relacionamento com os familiares positivamente estabilizados.

As coisas melhoraram muito para mim desde que meus pais souberam que sou homossexual. Estou melhor e me sinto querido e aceito. Mas sei de muitos casos em que as coisas não acontecem assim.

Por tudo isso, o fato de os filhos e as filhas homossexuais terem de manter silêncio ou o fato de não serem bem aceitos pelos pais, deveria ser considerado uma forma grave de maus-tratos contra o adolescente ou jovem – agressão que não está prevista na legislação*.

A família como fator protetor

Ainda hoje os homossexuais passam por dificuldades e sofrem consequências que poderiam ser evitadas: diante de todas as dificuldades e riscos, a família é o fator protetor mais importante.

Os homossexuais pertencem a uma minoria que:

- Não era reconhecida como tal.
- Foi considerada, durante muito tempo, detentora de um caráter patológico.
- Sofreu no passado e continua sofrendo, embora menos, manifestações de repúdio.

Agora estou bem, mas estive extremamente mal. Sentia-me estranho, confuso e até louco. Somente depois de muito tempo, quando conheci outras pessoas que também eram homossexuais e entrei em contato com uma associação de homossexuais, é que me estabilizei emocionalmente.

O processo que leva à estabilidade emocional e à adequada integração social dos homossexuais é longo e, frequentemente, difícil, passando por etapas que mais adiante descreveremos detalhadamente, quais sejam: confusão e dúvidas, consciência de ser homossexual, aceitação ou rejeição. Como resultado desse processo, e nele se dando de forma favorável, uma pessoa pode ser especialmente valiosa e madura; mas se não resolvem bem essas dificuldades, alguns aspectos de seu desenvolvimento podem ficar ameaçados. De fato, em nossa sociedade, os homossexuais sofrem alguns problemas (os quais também comentaremos nos capítulos seguintes) com mais frequência que o restante da população, precisamente porque seu caminho até a autoaceitação e à aceitação por parte dos demais está repleto de dificuldades.

---

*N. de T. Até a data de produção deste livro, não havia ainda sido votado no Congresso Federal brasileiro o Projeto de Lei 122, o qual caracteriza como crime a homofobia.

> Estive deprimido e me trataram com antidepressivos, mas o que realmente estava acontecendo eu não podia contar para ninguém. Sentia-me solitário e perdido em minha cidade. Pensei até em me suicidar.

Hoje, sabemos que todos esses problemas não são inerentes ao fato de ser homossexual, mas sim a causas apontadas anteriormente. Portanto, eles não devem ser utilizados como motivo para retirar dos homossexuais os seus direitos, mas sim devem motivá-los à superação.

Estamos certos que de todos os problemas que um homossexual pode ter, um dos piores, um problema cujos fatores de risco são maiores, é que a família não aceite e não trate adequadamente seus filhos ou filhas homossexuais. Do mesmo modo, algo que pode favorecer a resistência diante dos problemas da vida, que pode ser um fator de proteção frente às dificuldades e aos riscos, é que a família aceite incondicionalmente os homossexuais.

IDEIAS RELEVANTES

- **Os homossexuais só têm dificuldades se a família, a escola e a sociedade as criam.**
- **A família é o fator de risco maior (se age mal) e o fator protetor mais poderoso (se age bem, se aceita como uma diversidade saudável a possível homossexualidade de seus membros).**

2
O que os pais devem saber

PERGUNTAMOS:

- O que realmente sabemos sobre a homossexualidade?
- O indivíduo nasce homossexual ou manifesta sua orientação ao longo da vida?
- Escolhe-se ser homossexual ou heterossexual?
- Quando começa e quando é determinada a orientação do desejo?
- A orientação do desejo pode mudar ao longo da vida?
- As necessidades afetivas e sexuais dos homossexuais são distintas?
- O que não sabemos sobre a homossexualidade ou sobre a orientação do desejo?
- É possível ser homossexual e ter uma vida emocional e social normal, saudável?

FALAREMOS SOBRE:

- As falsas crenças sobre a origem da homossexualidade.
- Os preconceitos contra os homossexuais.
- O que não sabemos.
- O que sabemos sobre a orientação do desejo: sua origem, a idade em que costuma se formar, sua evolução, suas possíveis mudanças.
- A relação com a saúde física, emocional e social.
- Os efeitos negativos de não se aceitar como homossexual (se for o caso).

O que não sabemos, as falsas crenças e os preconceitos

Há muitas coisas que a ciência ainda não nos esclareceu; algumas se referem à orientação do desejo e, especificamente, à homossexualidade. Por isso, muitas respostas sem fundamento foram dadas desde tempos antigos, baseadas em preconceitos de uma ou de outra origem.

Desconhecemos, em primeiro lugar, a causa que dá origem a uma orientação do desejo: não sabemos por que umas pessoas são homossexuais, outras heterossexuais e outras bissexuais. Muitas são as teorias, mas nenhuma propôs uma resposta plausível a essas indagações. Por exemplo, em duas publicações prestigiosas, ao fazer a revisão das teorias, concluiu-se:

> Em resumo, as investigações sugerem que há uma predisposição biológica para a homossexualidade exclusiva (apesar de não haver acordo sobre o possível mecanismo explicativo). Entretanto, as causas da orientação sexual – de modo geral –, e particularmente a homossexualidade, ainda são especulações e é muito provável que se baseiem em múltiplos caminhos de desenvolvimento. Parece mais apropriado pensar no contínuo de orientação sexual como algo influenciado pela interação de vários fatores psicossociais e biológicos, talvez únicos de cada pessoa, ao invés de reduzi-lo a uma só causa. (Crooks e Baur, 2000)

Se nos detemos nesse texto, o resultado é evidente: não sabemos se são várias causas ou somente uma, se são biológicas ou sociais. E, para aumentar a dúvida, foi dito que, talvez, em cada pessoa trate-se de causas diferentes.

Algo parecido ocorre com estes três textos de Rathus, Nevid e Rathus (2005), nos quais os autores tencionam resumir as possíveis influências biológicas e sociais. Em relação a possível origem genética da orientação sexual:

> Os investigadores pediram precaução porque não encontraram um gene particular relacionado à orientação sexual... tampouco sabem de que maneira um gene – ou combinação de genes – poderia participar na orientação sexual. (p.248)

Em relação a possível origem hormonal pré-natal:

> A crença (percebam com que palavra tão pouco científica começa o texto) de que a orientação sexual é inata tem muitos adeptos (tampouco é útil essa palavra), tanto entre os cientistas quanto entre a sociedade em geral. No entanto, as evidências que apoiam as possíveis influências de fatores hormonais pré-natais na escultura do cérebro em uma direção masculina ou feminina estão baseadas sobretudo em estudos com animais. Não existem evidências relacionadas diretamente a pessoas. Por isso, devemos ser cautelosos no momento de aplicar resultados de outras espécies à nossa (2005, p.249).

Em relação a possível origem baseada em aprendizagens:

A causa da orientação sexual pode ser uma só ou várias, e os fatores de influência podem ser psicossociais ou biológicos

> Embora a aprendizagem possa abrir um leque de possibilidades no desenvolvimento da orientação sexual gay ou lésbica, os teóricos da aprendizagem não identificaram experiências de aprendizagem específicas

que conduzissem a essas orientações. E mais ainda: a maioria das experiências adolescentes com pessoas do mesmo sexo, inclusive as experiências prazerosas, não levam a uma orientação sexual adulta gay ou lésbica. Muitas pessoas heterossexuais tiveram experiências adolescentes com pessoas de seu sexo, as quais não influenciaram em suas orientações na fase adulta. Isto ocorre inclusive com pessoas cujas experiências sexuais precoces com o outro sexo foram frustrantes. E mais ainda: a maioria dos gays e lésbicas eram conscientes de seu interesse sexual por pessoas de seu sexo antes mesmo de ter experiências sexuais com eles, fossem estas prazerosas ou não (2005, p.251).

Portanto, aconselhamos os pais que não percam tempo procurando encontrar a origem da homossexualidade de seu filho ou da sua filha. Até o momento nada sabemos sobre isso, somente especulações. Não há nenhum motivo certo para atribuir uma ou outra origem.

Não há, tampouco, nenhum motivo para que os pais sintam-se culpados da homossexualidade de seus filhos ou suas filhas. Por duas razões:

Seu filho ou sua filha não é homossexual por causa dos pais. O mais importante é saber que a homossexualidade não é uma coisa má; portanto, ninguém deveria se sentir culpado

- A primeira, porque não sabemos qual é sua origem, sendo improvável que se deva a determinadas influências dos pais, já que todas as possíveis relações que se tentou estabelecer entre as características dos pais ou de sua conduta e a homossexualidade dos filhos, resultaram negativas. Não se encontrou nenhuma relação.
- A segunda é ainda mais importante, e nunca insistiremos suficientemente na radicalidade necessária quando se propõem estes temas: não se pode ser culpado de algo que não é mau, somente se vemos a homossexualidade com maus olhos – se somos homofóbicos – podemos entender esse sentimento.

  O pior que um profissional pode fazer é inventar o que não se sabe. E isso é o que muitos profissionais têm feito ao longo da história. Ao que se refere à nossa cultura e à nossa sociedade durante muitos anos, séculos inteiros (apesar de ter havido momentos históricos, sobretudo no mundo grego) os pontos de vista que têm imperado são os seguintes:

  - A partir do ponto de vista religioso, a homossexualidade contradizia a lei divina e o mandamento de "crescei e multiplicai-vos", de forma que a homossexualidade era considerada um desvio e, se posta em prática, um grave pecado. Atualmente, a visão da Igreja Católica Apostólica Romana melhorou um pouco, já que aceita os homossexuais enquanto pessoas que têm um problema do qual não são culpados, mas rejeita que possam ter condutas sexuais, que se casem, tenham filhos ou adotem crianças.* Em todo o caso, embora não nos caiba dogmatizar, todos sabemos que dentro da Igreja, não tanto na hierarquia, existem muitas posturas diante deste tema, o que pode permitir que os fiéis católicos vejam o tema de diferentes ângulos.

- Os profissionais e cientistas dedicaram-se a legitimar durante muitos anos essa maneira religiosa de considerar a homossexualidade. O que diziam, mais ou menos assim, é que a homossexualidade era uma degeneração ou um desvio sexual. Um desvio da lei natural; porque natural é que se goste de pessoas do sexo oposto. De fato, a homossexualidade esteve na lista das patologias até há poucos anos, em pleno século XX. Inclusive numerosos médicos e terapeutas tentaram curar os homossexuais com medicamentos e terapias desumanas.

Se a Igreja e os profissionais diziam essas coisas, o que se pode dizer da população? Que consideravam verdade as proposições dos religiosos e profissionais.

Dessa forma, muitas crenças espalharam-se, vejamos algumas:

São uns degenerados, temos que acabar com eles.
A homossexualidade é uma anormalidade.
A homossexualidade é um desvio.
A homossexualidade é uma doença.

E no melhor dos casos:

O que temos de fazer com os homossexuais é curá-los.

A partir dessas ideias sobre a origem e a natureza da homossexualidade, é fácil imaginar como foram construídos os medos, as ideias e as crenças que contêm muitos preconceitos contra os homossexuais, que se refletiam na maneira de pensar e de sentir e também na maneira de agir. Tudo o que pudesse se relacionar com a homossexualidade, com ou sem razão, era rejeitado e perseguido.

Essas errôneas considerações a respeito da origem e da natureza da homossexualidade tiveram e podem continuar tendo consequências devastadoras, porque carregam todo o tipo de erros e impedem outras proposições.

---

*N. de R.T. Há numerosos documentos da Igreja Católica Romana tratando do tema, bem como manifestações de bispos e cardeais no Brasil. Dentre outros, recomendamos a leitura do documento pontifício "Considerações sobre os projetos de reconhecimento legal das uniões entre pessoas homossexuais", de 2003.

CASOS:

1. Paula é lésbica e religiosa, tem 19 anos e se apaixonou por outra mulher. Ela e sua namorada entendem-se muito bem. Querem se casar no religioso e ter intimidade sexual. Se recorrerem a um religioso que mantenha as ideias ortodoxas da Igreja Católica, o que ele dirá? O que poderão fazer depois de receber seu conselho?
2. Jacó tem 60 anos. É homossexual. Aos 25 recorreu a uma terapia com "descargas elétricas", entre outras medidas, cada vez que se excitava diante de estímulos sexuais (fotos, por exemplo) de pessoas de seu sexo. O que implicou essa terapia para Jacó?

É importante descobrir as consequências advindas do fato de manter certas idéias religiosas ou profissionais acerca da homossexualidade.

COMENTÁRIOS:

1. O caso de Paula é bem difícil, porque muitos clérigos mantêm a mesma posição da hierarquia. Espera-se que tenha sorte e recorra a numerosos sacerdotes não-fundamentalistas! Por que, do contrário, se verá em uma situação extremamente difícil, entre sua fé e a necessidade de intimidade emocional e sexual.
2. O caso de Jacó e de muitos outros é dilacerador. Nós, os profissionais, deveríamos pedir perdão por havermos feito essas coisas no passado, em vez de os termos preparado para que aceitassem sua homossexualidade e que vivessem como tais.

São duas situações que demonstram o dano oriundo dos erros e das falsas crenças.

As falsas crenças e os preconceitos não se referem somente à orientação do desejo, mas também a muitas outras coisas que têm relação com a homossexualidade. Vejamos as mais significativas:

- Considerar os homossexuais responsáveis por suas preferências sexuais, como se a orientação do desejo fosse passível de escolha.
- Pensar que as crianças ou pessoas com trejeitos serão homossexuais.
- Acreditar que os homossexuais são mais femininos (os homens homossexuais) ou que as lésbicas são mais masculinas.
- Acreditar que os homossexuais são sempre muito mais promíscuos, incapazes de formar casais estáveis.
- Acreditar que necessariamente os homens homossexuais são afeminados ou crer que possuem um estilo de vida definido.
- Acreditar que todos os homens homossexuais são iguais e que tendem a se comportar de forma parecida.

- Acreditar que são mais sensíveis (artisticamente falando).
- Acreditar que a homossexualidade é como uma doença contagiosa, sendo as crianças os alvos mais visados.
- Acreditar que os homossexuais são um grupo de risco.
- Acreditar que os homossexuais têm unicamente determinadas práticas sexuais, como o sexo anal.
- Acreditar que entre os homossexuais sempre um ou uma realiza o papel de homem e o outro, o de mulher.
- Acreditar que os homossexuais não são trabalhadores.
- Acreditar que todos os homossexuais dedicam-se ao mundo das artes, do cinema, etc.
- Acreditar que boa parte dos homossexuais entrega-se à prostituição.
- Não diferenciar a homossexualidade da transexualidade e do travestismo.

Muitas são as pessoas que responsabilizam os homossexuais por sua orientação do desejo, culpando-os por serem homossexuais.

Para enfrentar essa falsa crença, deve-se dizer, em primeiro lugar, que se fosse assim, estariam em seu direito e que não deveríamos nos sentir ameaçados, já que se trata de uma orientação do desejo compatível com a saúde pessoal e social.

Todavia, essa é uma crença falsa: a orientação do desejo homossexual, bissexual ou heterossexual não se escolhe, ela nos é dada, nos sentimos, nos damos conta, temos uma orientação sexual ou outra, e nada podemos fazer para escolher. Não podemos tomar esse tipo de decisão. Temos uma orientação do desejo e somente podemos aceitá-la ou rejeitá-la. Certamente, o mais inteligente, como veremos, é aceitá-la de bom grado, porque somos assim e é dessa forma que podemos solucionar nossas necessidades de intimidade emocional e sexual.

Os trejeitos não têm relação com a orientação do desejo. De maneira que há homossexuais e heterossexuais com trejeitos e sem trejeitos. Assim, deduzir a orientação do desejo por uma forma de gesticular pode levar a atribuições erradas. Em todo o caso, para enfrentar esse tema com um critério mais básico e geral, o mais importante é saber que todos nós podemos expressar-nos de forma diferente dos demais, isto é, com trejeitos, dando-nos a liberdade de sermos expressivos, sensíveis ou o que considerarmos oportuno. O que queremos dizer com isso é que se expressar com trejeitos, de forma exagerada e chamativa, não deve ser considerado nem bom, nem mau. É verdade que muitos que se expressam com trejeitos são homossexuais (no caso dos homens), mas isso não é regra, já que existem aqueles que

Somos homossexuais, heterossexuais ou bissexuais, mas não sabemos a causa

se expressam com trejeitos e não são homossexuais. O critério é, neste caso, bem claro: devemos expressar-nos como queremos, mas sempre tolerando e respeitando os demais.

Os homossexuais e as lésbicas diferem muito entre si

Certamente, a obrigação de ser "muito macho", no modo de falar e nos gestos, é uma forma de provocar discriminação e desconsideração das mulheres. Isso é uma grande desgraça para todos, especialmente para aqueles que se sentem obrigados e para aqueles que têm que suportar os que assim se comportam.

Merece comentário parecido a crença de que os homens homossexuais são mais femininos e de que as mulheres lésbicas são mais masculinas. Partindo do direito de assumir a diversidade expressiva que considerarmos oportuna, esta crença não corresponde à realidade. Os homossexuais e as lésbicas são pessoas muito diferentes umas das outras, sem que respondam, necessariamente, a esse esteriótipo.

Os homossexuais costumam ter mais dificuldades em encontrar alguém com quem se relacionar, porque são minoria e estão mais ocultos, motivo pelo qual, em muitos casos, não só não são pessoas promíscuas, como também não encontram com quem ter relações. Se alguns homens homossexuais são mais promíscuos que o restante da população, isso se deve, basicamente, a dois motivos: porque são homens (também os homens heterossexuais têm mais relações sexuais que as mulheres) e porque a sociedade coloca diversos obstáculos em seu caminho impedindo-os de terem companheiros estáveis. As lésbicas, como as mulheres heterossexuais, tendem a ter menos companheiras. O que os estudos mais atuais revelam é que as condutas sexuais estão mudando bruscamente nos dois sexos, independente de qual seja a orientação do desejo. O importante é saber que os homossexuais podem manter relações no mesmo grau de satisfação, estabilidade e afeto que os heterossexuais, especialmente quando impedimentos não são impostos.

Um erro muito difundido entre os heterossexuais é acreditar que os homossexuais são todos muito parecidos e que compartilham diversas características. Definitivamente não é o que ocorre. Os homossexuais são tão distintos e tão diversos quanto os heterossexuais, o que torna, obviamente, todas as generalizações erros crassos. Entre os homossexuais há todos os tipos: pessoas trabalhadoras e não-trabalhadoras, justas e injustas, inteligentes e ignorantes, sensíveis artisticamente e não-sensíveis. É verdade que podemos perceber nos homossexuais e nas lésbicas traços que poderiam ser considerados específicos: nos homens homossexuais, por exemplo, gestos exagerados, roupa justa e chamativa, cuidado em demasia com o corpo; nas mulheres lésbicas, cabelo curto e gestos mais masculinos. No entanto, esses esteriótipos não estão generalizados entre os homossexuais, manifestando-se, também, naqueles que não são homossexuais. O melhor exemplo é o que atualmente chamamos de "metrossexual", quer dizer, um homem que cuida de seu corpo, suaviza seus gestos, é sensível aos temas femininos, seja ele homossexual ou heterossexual. O certo é que, hoje, todos nós temos mais liberdade para nos expressarmos, havendo infinitas possibilidades.

O mesmo ocorre com o estilo de vida. Há homossexuais que se filiam a associações de homossexuais e criam lugares de lazer e ambientes especiais (certamente porque, neles, se sentem mais seguros e podem ser mais espontâneos), chegando a configurar certo estilo de vida, com espaços, atividades e expressões culturais próprias; enquanto outros homossexuais não vão nunca a esses lugares, inclusive detestam as manifestações públicas do grupo a que, por orientação do desejo, pertencem.

Conhecemos homossexuais que apreciam, divertem-se e se sentem muito motivados a participar, por exemplo, do chamado "Dia do Orgulho Gay", enquanto outros homossexuais detestam, não considerando apropriado ou inclusive ofendendo-se. Por fim, não se pode falar em um "estilo de vida" homossexual que sirva para a maioria dos homossexuais.

Já dissemos que não sabemos qual é a origem da orientação do desejo. Todavia, estamos certos de que não se contagia – como uma doença viral –, não depende de conviver com outros homossexuais ou ter, por exemplo, um professor homossexual. Não sabemos qual é a sua origem, mas certamente não a encontraremos em nenhum dos motivos antes citados. Por isso, casais heterossexuais podem ter filhos homossexuais, por exemplo. Não é verdade que se contagie ou se aprenda por imitação. No entanto, teremos de ser radicais novamente nas observações: se fosse assim – e não é –, não haveria nada a temer, porque um maior número de homossexuais na sociedade não seria nem melhor nem pior, dependeria unicamente da maneira como as pessoas iriam conviver.

Há tempo que consideramos inadequado falar em grupos de risco, demonizando os homossexuais e outros grupos. O termo correto é "prática de risco", forma de conduta sexual que implica risco de um ou de outro tipo. Precisamente quando surgiu a AIDS, os homossexuais receberam a culpa e o rótulo de grupo de risco. De acordo com o que sabemos, os homossexuais foram as primeiras pessoas que reagiram ao problema começando a ter práticas sexuais seguras. Sabemos que a maior parte dos contágios de AIDS está relacionada a relações desprotegidas, pelo uso de drogas e também por relações com pessoas do mesmo sexo.*

---

*N. de R.T. No Brasil, os homossexuais apresentam uma vulnerabilidade acrescida ao HIV, por conta das situações de estigma, discriminação, homofobia e baixa autoestima. Para enfrentar essa situação, o Programa Nacional de DST/Aids elaborou o "Plano Nacional de enfrentamento da epidemia de aids e outras doenças sexualmente transmissíveis entre gays, outros homens que fazem sexo com homens e travestis", em 2007.

Os homossexuais têm as mesmas necessidades de intimidade afetiva e sexual que os demais. Manifestam sua intimidade de forma muito parecida: beijos, carícias, abraços, agrados, diferenciando-se dos heterossexuais unicamente no fato de não poderem ter penetração vaginal. Ademais, possuem as mesmas possibilidades. Se, como parece, têm mais práticas de sexo anal que os heterossexuais, isso não quer dizer que não haja heterossexuais que incluam essa prática e homossexuais que não a incluam. Se não reduzimos a sexualidade à penetração e à genitália, nos daremos conta de que as possibilidades de relação sexual são muito semelhantes, nem melhores nem piores, porque cada pessoa faz o que seu companheiro e ela mesma gostam.

Do ponto de vista afetivo, não há diferenças que possamos perceber, exceto a orientação do desejo: a atração, o apaixonar-se, a intimidade, o compromisso na relação, o afeto, a empatia, os cuidados e o apego, são vividos de igual forma pelos homossexuais. De fato, nesses aspectos tão importantes em um relacionamento amoroso, as diferenças se devem a outros fatores (se entendem-se, se são empáticos, se estão apaixonados, se sabem cuidar um do outro, e não à orientação do desejo.

Aqueles que acreditam que, entre os homossexuais, sempre um será o homem e o outro a mulher, estão sustentando – talvez sem refletir sobre – que existe uma maneira social necessária de ser mulher e de ser homem. Quer dizer, defendem rótulos sexistas que levantam muros entre as pessoas. Diante dessa forma de pensar, é fundamental dar liberdade a cada pessoa para que seja como considera oportuno: um homem pode ser amável e sensível, bom cozinheiro, cuidadoso com as tarefas domésticas; e uma mulher pode desejar uma profissão que requeira estudar, viajar, tomar decisões, etc. Os seres humanos são muito flexíveis, podendo aspirar a diferentes coisas. Não podemos cair nas armadilhas criadas pelos rótulos, obrigando-nos a ser “muito machos” ou “muito fêmeas” (com toda a carga pejorativa que esses termos carregam). Isso naturalmente vale para todas as orientações do desejo.

É muito importante estabelecer uma diferença entre a homossexualidade, a heterossexualidade e a bissexualidade por um lado, e a transexualidade por outro. As primeiras são orientações do desejo, vividas por homens e por mulheres que sabem que são homens ou mulheres e que estão satisfeitos com seu corpo de homem ou de mulher e que, portanto, não desejam mudá-lo. Os transexuais (ocorre três vezes mais em homens do que em mulheres; no entanto, representam uma parte ínfima da população), por sua vez, não estão satisfeitos com seu corpo, querem mudá-lo por meio de cirurgia de mudança de sexo – não somente isso, mas também a alteração da figura corporal, alteração nos pêlos do corpo, mudança da voz, da forma de se vestir –, acreditam que todo seu corpo é um

É muito importante estabelecer uma diferença entre a homossexualidade, a heterossexualidade e a bissexualidade por um lado, e a transexualidade por outro

erro. Os transexuais acreditam piamente que pertencem a um sexo errado, quer dizer, ao sexo que não têm: as pessoas biologicamente homens creem que toda sua anatomia é um erro e que, na realidade, são mulheres, desejando, assim, serem operados; as pessoas biologicamente mulheres, por outro lado, estão certas de que são homens, ansiando por transformar todo seu corpo: desejam ter um corpo completamente masculino.

Portanto, os homossexuais sabem que são homens ou mulheres (de acordo com seu corpo biológico) e estão satisfeitos com seu corpo e, por isso, não querem mudá-lo. A única coisa que desejam é que a sociedade os deixe viver sua afetividade e sua sexualidade como homossexuais.

Os transexuais vivem, no entanto, uma situação difícil, porque estão convencidos de que seu corpo é um erro, já que, realmente, possuem uma identidade sexual distinta de sua identidade biológica. Sendo biologicamente homens – em todos os aspectos – essas pessoas sentem-se e acreditam ser mulheres; ou sendo biologicamente mulheres, estão certas de que são homens. Por isso desejam alterar seu corpo.

A transexualidade não é uma escolha voluntária, mas sim uma complicada situação que devemos solucionar, dando a essas pessoas a oportunidade de transformar seu corpo – sendo essa sua vontade – e aceitando sua mudança de identidade. Atualmente, essa mudança é possível e legal, embora alguns países não cubram os custos cirúrgicos.*

Os pais e a sociedade devem aceitar os transexuais e ajudá-los ao longo de todo o processo. Para os pais pode ser muito duro aceitar que seu suposto filho é, na verdade, uma filha, ou o inverso; no entanto, devem aceitar incondicionalmente a pessoa que trouxeram ao mundo, seja filho ou filha.

Os pais e a sociedade devem aceitar os transexuais e ajudá-los ao longo de todo o processo

Evidentemente, muitas pessoas se perguntam por que se formam associações de homossexuais e transexuais se são coisas díspares. A explicação é simples, vamos a ela.

*N. de R.T. No Brasil, a Portaria 1.707, do Ministério da Saúde, de 17 de agosto de 2008, instituiu no Sistema Único de Saúde as diretrizes para o Processo Transexualizador, que trata das cirurgias de mudança de sexo para homens e mulheres.

Por um lado, os homossexuais e os transexuais são duas categorias de pessoas maltratadas pela sociedade; por outro lado, podem chegar a coincidir em interesses sexuais. Como isso é possível? Por exemplo, um homem transexual, que se sente e se entende mulher, pode desejar manter relações com outro homem, sendo possível, portanto, que acabe por ter relações com um homem homossexual. Lembro-me do caso de um transexual que me relatou o seguinte:

> Antes de me operar, me relacionava com homossexuais, porque me atraíam os homens, mas depois de me operar, comecei a ter relações com heterossexuais, porque eu sou uma mulher.

O que sabemos sobre a homossexualidade

Não podemos resumir aqui todas as pesquisas sobre a orientação do desejo, mais especificamente, sobre a homossexualidade e a bissexualidade. Mas podemos, sim, transmitir os conhecimentos já bem consolidados sobre esses temas, indicando, em alguns casos, os debates mais atuais.

O que é a homossexualidade?

Primeiramente, embora já tenhamos dito o que é a homossexualidade, queremos, agora, avançar um pouco mais. Certamente, a homossexualidade tem várias dimensões, não se restringindo apenas à atração sexual por pessoas do mesmo sexo. Exploremos essas dimensões:

- A atração sexual por pessoas do mesmo sexo ("agradam-me, excitam-me, são elas quem desejo acariciar e por quem quero ser acariciado").
- A atração emocional por pessoas do mesmo sexo ("desejo intimidade emocional com elas, são minha companhia emocional preferida").
- As condutas sexuais com pessoas do mesmo sexo ("ter condutas sexuais: beijos, carícias, abraços.").
- As fantasias, representações eróticas ("fantasio, penso, imagino momentos...") com pessoas do mesmo sexo.
- A "identidade como homossexual" ("sou distinto, diferente das pessoas heterossexuais, sou homossexual") pode levar o homossexual a se sentir socialmente melhor.
- O estilo de vida homossexual, se é que existe tal estilo ("vivo, visto-me, divirto-me..., como os demais homossexuais").

Esses e outros aspectos podem seguir a mesma direção (ser homossexual em todos e em cada um deles) ou, em alguns casos ou durante certo tempo, pode não

As formas e os níveis de viver a homossexualidade variam

ser assim, pois as formas e os níveis de viver a homossexualidade variam. Há pessoas com fantasias homossexuais, mas sem condutas homo ou heterossexuais. Muitas são as possibilidades de combinações. O ideal é que nós tenhamos uma harmonia em nossa orientação do desejo, que nos aceitemos e nos relacionemos a partir de como somos. Evidentemente, nem todos os aspectos referidos têm a mesma importância para o equilíbrio emocional e social. Alguns, como por exemplo o estilo de vida, não são necessários.

Por tudo isso, um homossexual que se conhece e se aceita como tal, é quem se sente atraído sexual e emocionalmente por pessoas do mesmo sexo; seus pensamentos e suas fantasias eróticas são de conteúdo homossexual, suas condutas sexuais são homossexuais, aceitando-se pessoal e socialmente assim. É claro que, nem sempre foi assim.

Por exemplo, uma pessoa que teve relações sexuais com pessoas de outro sexo, ou seja, que tenha tido condutas heterossexuais, não significa que não seja homossexual. E o contrário, o fato de uma pessoa ter tido condutas sexuais com pessoas do mesmo sexo, não significa que seja ou que venha a ser necessariamente homossexual.

A realidade, como vemos, é mais complexa do que supúnhamos. Por conseguinte, o próprio conteúdo da orientação do desejo é muito amplo, complexo – multidimensional, dizem os profissionais –, já que inclui numerosos aspectos como a conduta, a fantasia, a identidade e o rótulo, etc., de forma que uma mesma pessoa pode ter combinações diversas e, inclusive, contradições entre esses aspectos. Uma pessoa pode ter fantasias de sua conduta que não coincidam com sua orientação básica do desejo. As coisas, portanto, nem sempre são uniformes e simples.

> Minha vida estava um caos. Só pensava nas pessoas do meu sexo e minhas fantasias eram muito claras. Mas tive um namorado, casei-me e até tive filhos. Logo cansei do casamento e me separei. No entanto, estive muito tempo confusa e dividida.
>
> Minha cabeça me dizia uma coisa (não pode ser, eu tenho que ser heterossexual...) mas meu desejo era claro (só era atraído por rapazes, os do meu sexo). Fiz sexo com uma menina, mas fui muito mal... Ao final, tudo se esclareceu quando me apaixonei loucamente por um amigo. Estava claro que eu gostava de rapazes.
>
> Quando estava no internato, cheguei a beijar e a trocar carícias com um colega. Estava muito excitado, não me aguentava mais... Mas do que na realidade gostava era de meninas. Isso era para mim muito claro.

Quando surge a homossexualidade?

A orientação do desejo costuma se manifestar (em fantasias, atrações, condutas) de forma clara em torno da puberdade e pré-adolescência. Numerosas pessoas recordam antecedentes claros de sua heterossexualidade ou de sua homossexualidade antes das mudanças púberes, mas muitas outras não possuem recordações precisas. Em todo o caso, é na adolescência que se especifica, orienta e consolida a orientação do desejo na maior parte das pessoas. Portanto, apesar de sabermos que, às vezes, possam-se descobrir antecedentes anteriores à puberdade, é nela e na pré-adolescência em que as pessoas costumam tomar consciência de sua orientação do desejo. Também sabemos que, frequentemente, é durante a adolescência e pré-adolescência que a orientação do desejo se organiza e se consolida para toda a vida. Entretanto, a essas considerações temos de agregar outras:

- A orientação do desejo pode se manifestar mais tarde, em diferentes momentos do ciclo da vida, talvez porque ela tenha sido negada durante todo o período anterior. Talvez seja, ainda, por outras razões que não conhecemos com certeza. O que queremos dizer é que o ciclo evolutivo da orientação do desejo não se fecha sempre na adolescência ou pré-adolescência, embora isso seja o mais frequente.

É na puberdade e na pré-adolescência que as pessoas costumam tomar consciência de sua orientação do desejo

- A orientação do desejo, como comentamos anteriormente, não é escolhida, não depende da vontade, mas nos é dada, nos é imposta como um fato essencial de nosso ser: sou homossexual, sou heterossexual. Um não sabe o porquê, mas se sente, entende-se homossexual, heterossexual ou bissexual. Uma vez que isso acontece, podemos tentar rejeitar ou aceitar a orientação que temos. O melhor e o mais saudável é aceitar a própria orientação do desejo e conseguir que a família e a sociedade a aceitem também.

Homossexualidade e saúde: é possível ser homossexual e estar bem?

O mais importante do que sabemos é que se pode ser heterossexual, homossexual ou bissexual sem comprometer necessariamente a saúde. Por isso, podemos dizer com segurança que a homossexualidade é compatível com a saúde e que a melhor decisão que os homossexuais

A melhor decisão é se aceitarem como tais e viverem de acordo com sua orientação do desejo

Os homossexuais e bissexuais podem ter uma vida familiar, afetiva e social saudável

podem tomar é se aceitarem como tais e viverem de acordo com sua orientação do desejo.

Definitivamente, os homossexuais são pessoas com outras quaisquer, porém diversos entre si, tendo as mesmas necessidades interpessoais que os heterossexuais, só que resolvendo algumas delas com pessoas do seu sexo.

Não há, pois, razão alguma que justifique a homofobia, a rejeição dos direitos afetivos e sexuais dessas pessoas.

Quando dizemos que sabemos disso, não estamos manifestando uma opinião, um desejo, mas sim resultados de numerosos estudos. Em centenas e até milhares de ocasiões, realizaram-se estudos com diferentes metodologias, com grande número de homossexuais, homens e mulheres de todas as idades. Apesar dos preconceitos, uma verdade se impôs: os homossexuais que se aceitam como tais podem organizar sua vida emocional e social de forma satisfatória e alcançar um nível de bem-estar semelhante ao das pessoas heterossexuais. Todos os estudos sérios chegam a essa conclusão. Por isso, há muito tempo as associações profissionais retiraram a homossexualidade da lista das patologias ou dos problemas de saúde.

Os homossexuais apresentam mais problemas de saúde?

O que comentamos anteriormente é compatível com outros fatos também encontrados em pesquisas científicas e que, frequentemente, são manipulados e utilizados de forma não somente nada científica, como nem um pouco ética. Alguns desqualificam a homossexualidade em razão desses dados e outros os escondem.

É verdade que o grupo de homossexuais em comparação com o de heterossexuais – o estudo das semelhanças e diferenças entre os dois grupos – deixa claro que alguns problemas manifestam-se com mais frequência entre os homossexuais. Por exemplo, o suicídio, a ansiedade, a instabilidade emocional, os sentimentos depressivos, a anorexia e a bulimia, etc.

Todavia, temos de fazer numerosas observações acerca desses dados a fim de não serem manipulados e desvirtuados.

Em primeiro lugar, parece completamente lógico que um grupo rejeitado e perseguido pela família, pela escola, pela sociedade e pela lei, uma minoria social vista com desconfiança, tenha mais problemas. Explicarei essa primeira razão com o testemunho de um suicídio, relatado por um homem de 80 anos em uma de nossas palestras sobre sexualidade com pessoas adultas. Não era o assunto da conversa, mas alguém perguntou minha opinião (lamentavelmente se tem o hábito de pedir a opinião ao invés de perguntar o que se sabe sobre um assunto...)

sobre os casais homossexuais. Quando terminei de dar minha opinião, de forma inesperada, enfaticamente, um senhor de 80 anos disse:

> Já chega de dificultar a vida dessa gente. Quando eu prestava serviço militar em Madri, o que faz, é claro, muitos anos, tinha um companheiro que era homossexual. Todos sabiam, mas não podíamos denunciá-lo, porque muitos de nós mantínhamos relações com ele. Ele estava aterrorizado, pois se os superiores ficassem sabendo... Um dia, ele se atirou nos trilhos de um trem e morreu. Quem foi o culpado?

A segunda observação poderia também explicar alguns desses problemas. Refere-se ao fato de alguns homossexuais levarem um estilo de vida diferente, de risco elevado, como também ocorre em grupos como os solteiros, especialmente no que se refere a ter parceiro estável e o que isso significa. Como parte desse estilo de vida e a necessidade de "competir mais" para obter um parceiro sexual, os homossexuais podem ter uma maior preocupação com a imagem corporal, o que explicaria, por exemplo, a maior frequência de transtornos alimentares.

Outras possíveis explicações, como uma maior vinculação de determinados problemas com essa orientação do desejo não encontraram atualmente uma sustentação razoável.

Existe, ainda, outra razão mais técnica que é importante conhecer para que não se façam manipulações dos dados. Vamos explicar por que não se podem aplicar de forma arbitrária esses dados aos homossexuais especificamente.

Comecemos com vários exemplos:

- Primeiro: são muitos os estudos que demonstram que as mulheres têm mais capacidades verbais que os homens. Mas todos sabem que existe um número significativo de homens que estão acima da média das capacidades verbais das mulheres. De forma que, quando falamos de Xavier e Luisa, poderia ocorrer que Xavier tivesse mais capacidades verbais que Luisa. Mais ainda, se nos é permitida uma ironia um pouco maior: apesar de os homens – tomados em seu conjunto – terem menos capacidades verbais que as mulheres, não os proibimos de exercerem a política.
- Segundo: as pessoas solteiras, quando comparadas às casadas, têm maior instabilidade emocional, mais problemas de saúde e até morrem antes. No entanto, isso não quer dizer que Joana – solteira – viva pior que muitas mulheres casadas e que vá morrer antes delas.
- Terceiro, referente à homossexualidade: os homossexuais têm mais problemas de saúde que os heterossexuais observando-se o conjunto. Entretanto, isso não significa dizer que João e Francisco, um casal homossexual,

não tenham uma relação mais satisfatória do que muitos casais heterossexuais.

- Quarto: Maria é muito ansiosa, enquanto Fernanda tem uma alta estabilidade emocional. Uma é heterossexual e a outra homossexual. Podemos estar certos de quem é quem? Certamente que não.

Há muitas pessoas dentro de cada grupo que estão acima ou abaixo da média de outros grupos

Por isso, e é aqui onde queremos chegar, os dados de grandes grupos não podem ser manipulados, tendo muitas vezes explicações externas aquém do obviamente deduzível (por exemplo, o fato de ser solteiro não diz nada a respeito da condição de saúde do indivíduo, o que acontece é que, em nossa sociedade, um grande número de solteiros leva um estilo de vida de maior risco); não se deve, portanto, generalizar esses dados a todos e, menos ainda, utilizá-los como munição da discriminação.

Por tudo isso, denunciamos a grave manipulação que se faz quando se tomam os dados que se referem a comparações entre os homossexuais (enquanto grupo) e os heterossexuais (também enquanto grupo), com vistas a discriminar os homossexuais.

O dado científico mais importante é que em numerosas questões não se encontram diferenças, ou que estas são pequenas, que é razoável pensar em explicações sociais e, sobretudo, que há muitas pessoas dentro de cada grupo que estão acima e abaixo da média de outro grupo. Esse raciocínio nos levaria a acreditar que (vamos nos divertir um pouco):

- Os solteiros pagariam mais para a Previdência Social e seriam menos valorizados em seleções de emprego.
- Os homens não seriam políticos, locutores, oradores, etc.: a Igreja Católica poderia tomar do próprio remédio e declarar os homens inábeis para exercer a função de pregadores concedendo o sacerdócio somente a mulheres?
- As mulheres não poderiam ser pilotos, arquitetas, motoristas, etc. (porque têm, enquanto grupo, menor noção espacial).

Não seja o causador de dificuldades e problemas socioemocionais para filhos e filhas homossexuais

Por último, é completamente razoável esperar que, em termos de estabilidade emocional e de alguns aspectos de saúde, as diferenças vão desaparecendo à medida que a família e a sociedade aceitem a orientação do desejo sexual e não criem dificuldades para essas pessoas terem preenchidas suas necessidades afetivas, sexuais e sociais.

Quantas são as pessoas com uma orientação homossexual?

A resposta depende de onde colocamos a fronteira, e esta, como indicávamos ao explicar o conceito, não está clara. Há pessoas que fizeram mudanças ao longo de sua vida, outras se envolveram sexualmente com pessoas de seu sexo, algumas foram ou são homossexuais em uma dimensão, mas não em outras.

> *Se a pessoa não se aceitar, poderá ter problemas*

Por outro lado, as pesquisas científicas nem sempre foram feitas com os mesmos critérios metodológicos. Por isso, o que dizemos é unicamente um indicativo. A despeito da insegurança dos dados, todas as pesquisas revelam os seguintes fatos:

- Quando o tema é relacionamento sexual com pessoas do mesmo sexo, 5% dos homens dizem "sim", ao passo que 2% das mulheres respondem afirmativamente. As pessoas bissexuais seriam em menor número, em torno de 1%.
- A homossexualidade está presente nas diferentes culturas, sendo em todas elas uma minoria.
- Quando o tema é atração por pessoas do mesmo sexo, mas sem envolvimento sexual, a porcentagem sobre para 8-9% dos homens e 8-12% das mulheres, e as diferenças de sexo, no que se refere ao número de homossexuais, não estão claras.

Um dado importante é que se trata de uma minoria, com frequência maltratada pela sociedade. O que isso significa, veremos, sobretudo, no capítulo seguinte.

O que realmente importa é que não há nenhum motivo para rejeitar ou criar dificuldades para essa minoria, tampouco para temer a possibilidade de seu número aumentar. Por outro lado, não há provas de que estejam aumentando, mas o que ocorre é que, a cada dia, ela vêm conquistando mais notoriedade social.

Novamente temos de descartar o temor: se houvesse um aumento dessa minoria, coisa que não podemos prever, porque desconhecemos a causa da orientação do desejo, não haveria nada a temer: somos iguais, mas diferentes.

A homossexualidade é vivida da mesma forma tanto por homens quanto por mulheres?

Foram encontradas diferenças, já esperadas – deve-se salientar –, já que, de acordo com os estudos, o fato de ser homem ou mulher é transversal, exercendo uma influência maior do que a orientação do desejo.

O sexo é um fator claramente associado a determinadas condutas, embora possa ocorrer em uma minoria do outro sexo, isso está claro. A associação ou nível de vinculação depende de cada conduta, mas é indubitável, apesar de, em muitos casos, não termos uma clara explicação. Vejamos alguns exemplos:

- Nos homens (heterossexuais, homossexuais e bissexuais, os religiosos, os casados, os solteiros, os que têm uma deficiência), é muito mais provável que:
  - Cometam agressões sexuais (embora apenas uma minoria dos homens faça isso).
  - Masturbem-se com maior frequência.
  - Aceitem tranquilamente o sexo ocasional.
  - Deem extremado valor para a atividade sexual em si mesma.
- É muito mais improvável que as mulheres (heterossexuais, lésbicas, bissexuais, freiras, casadas, solteiras) cometam agressões sexuais. Elas se masturbam menos. Tendem a fazer mais exigências afetivas para se envolverem sexualmente, a valorizar mais o afeto e a intimidade, etc. Sejam quais forem as causas (muito discutidas), as diferenças de sexo são transversais em inúmeros aspectos: no estado, na orientação do desejo, na religião, na etnia.

No que diz respeito à forma de viver a homossexualidade, homens e mulheres se parecem em boa medida com os heterossexuais; estão condicionados pelo fato de serem homens ou mulheres. O mais notório é que as lésbicas são mais flexíveis em numerosos pontos de vista, sobretudo no que tange à maneira de viver como tal:

> Aparentemente [percebemos que os autores começam com uma palavra que indica insegurança no assunto] as orientações sexuais das mulheres são um pouco mais flexíveis que as dos homens, sendo que estas são um pouco mais dependentes da experiência social. Um estudo clássico comprovou que aproximadamente 50% das lésbicas diziam que, às vezes, sentiam-se atraídas por homens [...] (em outro estudo em que foram acompanhadas por um período de tempo) [...] 25 % abriram mão, com o decorrer do tempo, de sua orientação lésbica ou bissexual. A metade delas [desses 25%] se declarou heterossexual e a outra metade renunciou a opção de se classificar. (Rathus, Nevid e Rathus, p. 233)

De fato, tudo parece indicar que as mulheres trocam com maior facilidade que os homens de uma orientação sexual para outra, enquanto os homens tenderiam a ter uma orientação mais cristalizada e rígida.

Independentemente do valor desses fatos, que seguramente se deve a sua possível generalização (sobretudo no sentido que já temos indicado reiteradamente, isto é, que as exceções entre os homens e as mulheres são a regra), as mulheres homossexuais e as heterossexuais são mais flexíveis no que se refere à orientação do desejo: são menos homofóbicas (têm menos medo da homossexualidade), aceitando melhor as pessoas com outra orientação do desejo, sendo capazes de viver sua orientação do desejo com menor rigidez. Os homens, também os homossexuais, necessitam autoqualificar-se com maior contundência e transparência, demorando a ser mais tolerantes com a orientação do desejo que não coincide com a sua.

Tudo parece indicar que as mulheres trocam com maior facilidade de uma orientação sexual para outra, enquanto os homens tenderiam a ter uma orientação mais cristalizada

Também as mães heterossexuais aceitam melhor que os pais, os filhos e as filhas homossexuais, demonstrando mais incondicionalidade para com eles e maior tolerância com a diversidade.

A orientação do desejo pode mudar ao longo da vida?

Depois de tudo o que foi dito até aqui, responder essa questão não é fácil. Por um lado, é verdade que, na maior parte dos casos, a orientação do desejo se especifica e se consolida na adolescência, mantendo-se estável ao longo do ciclo da vida. Também parece certo, como acabamos de ver, que o nível de especificação e estabilidade é maior nos homens que nas mulheres.

Há, todavia, uma polêmica que ainda não foi resolvida: tratam-se de verdadeiras mudanças da orientação do desejo ou somente de mudanças referentes a um ou dois componentes? Ou, como pode ocorrer em um número de casos difícil de precisar: trata-se do reconhecimento da suposta verdadeira orientação do desejo que permaneceu oculta durante muitos anos? A resposta é ainda hoje incerta.

O certo é que a permeabilidade para a mudança da orientação do desejo é muito distinta em uma e em outra pessoa, não somente em função de seu sexo, mas ainda em função de outros fatores pessoais malconhecidos.

Nesse tema, deveríamos ter uma atitude aberta, sendo tolerantes com as possíveis mudanças; porque é frequente que se receba muito mal a notícia de que uma pessoa "mudou", "reconheceu", "modificou", "assumiu" sua orientação passando a ser homossexual. Os heteros-

As mulheres homossexuais e as heterossexuais são mais flexíveis no que se refere à orientação do desejo

sexuais (sobretudo os homens) costumam se comportar dessa maneira. Enquanto os homossexuais (sobretudo os homens também) costumam ver com maus olhos alguém (um homossexual) que "mudou", "reconheceu", "modificou" ou "assumiu" sua orientação para a heterossexualidade.

Os preconceitos e a intolerância são muitos e frequentes. Ambos não são justificáveis, pois quanto mais liberdade dermos para que cada pessoa seja como é, embora modifique a maneira de "sentir" seus gostos sexuais, muito melhor será.

Os dados não nos fazem pensar em mudanças muito frequentes e sucessivas, de maneira que as pessoas que costumam atribuir efeitos caóticos ("isso vai ser o caos, a pessoa vai mudar continuamente") como consequência de uma atitude de tolerância diante dessas mudanças, irão se frustrar profundamente.

Os pais não podem cometer o erro de esperar, desejar ou tentar promover mudanças na orientação sexual de filhos e filhas. Por vários motivos bem evidentes:

- Pelo fato de não sabermos a que se deve (sobre o que agir educativamente?), seus esforços estariam condenados ao fracasso.
- Porque não é justo esperar a mudança na orientação do desejo dos filhos, posto que seria uma maneira muito grave de não os aceitar.
- Por não ser realista, esperar o que não costuma acontecer, já que isso nunca ou raramente ocorre (relembrem que esse é um debate aberto).

O que os bissexuais têm de especial?

Embora sejam poucas as pessoas bissexuais, não podemos nos esquecer delas.

Os bissexuais se sentem atraídos tanto por homens quanto por mulheres. Pode ser em um nível equivalente ou ter preferência por um sexo ou outro, em alguns aspectos da orientação do desejo ou em outros. As possibilidades, portanto, são muitas.

De fato, a bissexualidade pode se apresentar como uma orientação real estável; mas também como uma orientação passageira, como uma transição de uma orientação a outra ou inclusive como uma forma de rejeição à homossexualidade.

O deslocamento entre as orientações do desejo, de acordo com as diversas investigações, como já assinalamos, é mais frequente e fácil entre algumas mulheres. No entanto, também pode ocorrer entre os homens.

Não deseje, não espere, não tente conseguir a mudança da orientação sexual de seus filhos

Eu vivia de forma satisfatória com minha mulher, inclusive tivemos três filhos. Todavia, em um momento da minha vida me apaixonei por um homem, um colega meu. Primeiro, não podia acreditar; depois, fiquei confuso... No entanto, estava apaixonadíssimo e ele também. Ele era homossexual, eu sabia disso havia muito tempo. Eu me dei conta de que poderia estar com minha mulher e com ele. Estive durante um ano desfrutando dos dois, de minha mulher e de meu novo companheiro, com a ansiedade e as dificuldades que isso supõe. Finalmente me separei de minha mulher e agora vivo com ele. Estamos muito bem. Já faz cinco anos que somos um casal.

Os bissexuais se sentem atraídos tanto por homens quanto por mulheres

Dependendo da maneira como definimos a bissexualidade, encontraremos mais ou menos bissexuais: a média de bissexuais é de aproximadamente 1% da população; mas se a pergunta se relacionar à atração, 4% das pessoas dizem sentir-se atraídas por ambos os sexos.

É lamentavelmente curioso que os bissexuais recebam, com frequência, o desprezo tanto de heterossexuais quanto de homossexuais. Ambos os grupos tendem a criticá-los e a não aceitar bem a sua bissexualidade. A essa atitude dá-se o nome de "bifobia", quer dizer, o desprezo pela bissexualidade.

Nesse sentido, não é incomum que se uma pessoa é conhecida como homossexual, seja muito criticada e rejeitada por pessoas desse grupo, caso estabeleça uma relação afetiva e sexual com pessoas do outro sexo. Podem ser taxadas de desleais, covardes, irresponsáveis, etc.

Os bissexuais podem se permitir ter parceiros satisfatórios de um ou de outro sexo; no entanto, alguns deles, em nossa sociedade, preferem ter um parceiro heterossexual, subterfúgio que é socialmente mais fácil. Como podem ser convencionais, é mais provável que adotem essa opção. De fato, há pesquisas que demonstram que as pessoas bissexuais podem viver de forma satisfatória tanto fazendo parte de um casal homossexual quanto heterossexual.

Essas pessoas deveriam ser aceitas como são, devendo ser dada liberdade suficiente para organizarem suas vidas, sem pressões por parte dos heterossexuais, e também por parte dos homossexuais, de forma que pudessem escolher seu parceiro no sentido que considerassem mais adequado, motivadas pela pessoa que efetivamente encontrassem, fosse ela homem ou mulher.

3
O que os pais não devem fazer: o risco da homofobia e da bifobia

PERGUNTAMOS:

- O que é homofobia e bifobia?
- Qual é a origem e o significado da homofobia?
- Qual é o risco da homofobia dos pais, da escola e da sociedade?
- O que é uma verdadeira família? O risco de certas concepções familiares.

FALAREMOS SOBRE:

- A importância destrutiva da homofobia e da bifobia tanto para os homossexuais quanto para a própria família.
- Os riscos que uma determinada concepção da família pode ter para os filhos homossexuais e para os próprios pais.
- O fato de haver somente uma alternativa inteligente, racional e saudável: aceitar a diversidade de bom grado, ser biófilos (amantes da vida) e tolerantes com todas as formas racionais que a vida apresenta.
- A rejeição dos filhos homossexuais ou bissexuais ser um grave erro, com consequências que podem ser muito sérias.

Convém dominar algumas palavras e alguns conceitos

Ouvimos muitas palavras e nem sempre sabemos usá-las de forma adequada. Nos capítulos anteriores, aprendemos diversas palavras fundamentais. Neste capítulo, conheceremos outras, as quais usaremos com frequência: homofobia e bifobia.

"Homofobia" significa literalmente "temor, rejeição, medo dos homossexuais". Esta rejeição admite muitos níveis, desde a mera insegurança ou confiança até o ódio, que pode levar a ações violentas. Em algumas pessoas é tão forte, que pode chegar a insultos, agressões e até assassinato.

As formas de manifestação da homofobia são muitas:

- Insultos com poucas ou muitas palavras. A palavra "bicha" é uma das mais utilizadas.
- Brincadeiras de mau gosto ou atração por piadas em que os homossexuais são rebaixados ou ridicularizados.
- Não aceitar os homossexuais quando buscam emprego, rejeitando contratá-los.
- Não alugar imóveis para homossexuais.
- Rejeitá-los ou evitá-los como vizinhos, colegas de estudo, colegas de trabalho.
- Rejeitá-los como amigos, parentes próximos, etc.
- Sentir medo ou repulsa diante de situações em que se tenha que compartilhar espaço, tempo ou atividades com homossexuais.
- Ter medo de que os filhos ou filhas sejam ou venham a ser homossexuais.
- Sentir-se muito mal, rejeitar ativamente ou fazer brincadeiras de qualquer manifestação cultural na qual apareçam homossexuais.
- Não deixar que os homossexuais entrem em determinados locais, proibindo-os de se manifestar ou de se fazer socialmente presentes.
- Sentir-se muito mal ou rejeitar ativamente qualquer manifestação sexual pública dos homossexuais, mesmo que esta seja igual ou menos expressiva que as manifestações que vemos todos os dias entre os heterossexuais.
- Participar de manifestações contra os homossexuais ou contra a possibilidade de seus direitos serem levados em conta.
- Escrever ofenças contra os homossexuais.
- Deturpar os dados científicos para questionar os direitos dos homossexuais.
- Agredir os homossexuais fisicamente.

Como se pode ver, o leque de manifestações homofóbicas é, lamentavelmente, quase infinito.

"Homofobia" significa "temor, rejeição, medo dos homossexuais"

Em uma conversa sobre homossexualidade, uma das pessoas do público incitou os homossexuais a que fossem valentes e não ocultassem sua homossexualidade publicamente: vocês têm que resolver esse tema lutando (disse, em uma de suas frases). Um jovem levantou a mão e disse: dizer é muito fácil, mas fazer... Faz uns meses (disse a data exata) eu estava em um parque (citou um parque real em uma cidade) com meu namorado. Íamos frequentemente ali, porque era um lugar tranquilo, com pouca gente. Nesse momento, estávamos conversando de mãos dadas, simplesmente isso. Então, aproximou-se de nós um bando de selvagens e nos bateram. Não aconteceu nada grave comigo, mas meu namorado teve de ir para o hospital pois seu nariz ficou machucado.

"Bifobia" é o medo, a rejeição, o temor dos bissexuais.

Outro dia, encontrei meu filho em cima de sua cama com um amigo. Não pude ver nada de concreto. Mas fiquei em pânico. Não deixei de pensar que meu filho fosse homossexual. Claro, ele não sai com meninas e vê muito esse amigo. Só de pensar nisso... as minhas pernas tremem e me sinto muito mal. Comentei com minha mulher, mas ela me disse para não me preocupar com isso, pois era uma bobagem e eu não deveria imaginar nada.

Pensei nisso em um acampamento. Eu estava mais ou menos certo de que um colega era homossexual, não tinha certeza absoluta, mas tinha medo. Quando chegou o momento de acampar tínhamos de dormir de quatro em quatro nas barracas. Alguém propôs fazer um sorteio para ver quem dormiria com quem. Coube a mim ficar na mesma barraca que ele, já era má sorte... Nós éramos quatro, mas parece que ele tinha dado um jeito para que nós acabássemos na mesma barraca. Não preguei o olho a noite toda, pois estava com medo de que ele quisesse passar a mão em mim durante a noite.

"Bifobia" é o medo, a rejeição, o temor... dos bissexuais. Como no caso da homofobia, admite muitos níveis e formas.

Os bissexuais tendem a suscitar uma rejeição diferente entre os heterossexuais – e entre os homossexuais também –, já que seu comportamento é considerado muito complexo por esses grupos.

Esse desgraçado faz de tudo. Eu achava que ele era bicha. Não gostava de seu comportamento, mas ficava tranquilo quando via que se relacionava muito com minhas amigas. Mas [...] acaba de se envolver com uma menina de quem eu gosto muito. (relato de um heterossexual)

Eu estava em uma associação de homossexuais. Tive uma relação sentimental e sexual com uma amiga durante uns dois anos, éramos um casal e como tal estávamos quase sempre juntas. No entanto, entramos em crise e nos separamos. Depois, como eu também me sinto atraída pelos homens, apaixonei-me por um heterossexual e comecei a sair com ele.

É normal que a minha ex-namorada tenha ficado chateada, mas o que não entendo é o fato de outros homossexuais (tanto meninos quanto meninas) me criticarem; alguns deixaram de falar comigo, foi como se eu tivesse cometido um crime.

Além disso, para piorar as coisas, não me atrevi a contar para meu novo namorado minhas antigas relações com mulheres, achava que ele iria se afastar de mim por causa disso. Eu passava mal só de pensar que ele poderia se interessar por minha vida passada. (Mulher bissexual)

Quando contei para meus pais que era bissexual, não demoraram a achar uma solução. Disseram-me: vá morar com uma mulher e o problema está acabado. Continuaram me olhando esquisito, decepcionaram-se muito, mas para eles era um alívio saber que eu poderia optar por uma mulher. (Homem bissexual)

Como as atitudes homofóbica e bifóbica funcionam?

É muito importante saber como somos e como funcionam nossas atitudes, especialmente as que nos fazem passar por situações ruins.

Sabemos que as atitudes irracionais têm sempre três componentes básicos, são eles:

- Uma série de crenças irracionais, sem base científica, baseadas na ignorância e em fontes de conhecimento não-profissionais (crenças religiosas, crenças populares, ideologias políticas, tradições populares).
- Sentimentos de rejeição mais ou menos fortes, em se tratando de um preconceito – como é o caso, mal-estar, medo, ódio – em relação aos homossexuais e bissexuais, objetos do preconceito.
- Uma tendência a se comportar de uma determinada maneira. Nesse caso, como se trata de um preconceito para com certas pessoas, a conduta pode-se refletir em todas as formas indicadas anteriormente.

As atitudes, portanto, têm uma estrutura complexa na qual os três componentes (o que se pensa, o que se sente e o que se tem para fazer) costumam se reforçar mutuamente. O pensamento fundamenta os sentimentos e organiza a conduta; os sentimentos são legitimados pelo pensamento e motivam a conduta; a conduta é organizada e legitimada pelo pensamento e motivada e reforçada pelos sentimentos.

As atitudes, o que se pensa, o que se sente e o que se tem para fazer podem ter direções diferentes

Haviam-me ensinado que os homossexuais eram perigosos. Eu os odiava. Participei de uma gangue que se dedicava a persegui-los. Eu sentia e sabia que estava fazendo o que devia fazer. Uma vez quando surramos um, em lugar de me sentir culpado e me arrepender, sentia-me muito bem, acreditava que tinha cumprido com meu dever.

Essa complexidade das atitudes pode dar lugar, sobretudo em situações de mudança desses preconceitos, a outras combinações. Com efeito, às vezes os três componentes não seguem a mesma direção. As possibilidades são muitas. Há pessoas com crenças irracionais a respeito da homossexualidade que não têm maus sentimentos para com eles (inclusive podem os considerar boas pessoas) e que não levam a cabo comportamentos diretamente agressivos contra os homossexuais.

Por exemplo, há numerosas pessoas religiosas com idéias negativas sobre a homossexualidade, idéias de ordem religiosa. Mas essas pessoas podem chegar a se "compadecer" dos homossexuais porque os consideram doentes, passivos de auxílio e de aceitação. Embora, frequentemente, em nome de Deus, essa atitude possa levá-los a negar direitos aos homossexuais.

O comportamento em relação à homossexualidade por parte de pessoas religiosas*, que às vezes são boas pessoas, é extremamente complexo. Muitos sofrem por isso, sentindo uma grande contradição ou confusão. Não são poucos os casos em que, finalmente, seus bons sentimentos os levaram a revisar e contradizer – a favor dos homossexuais – a postura ortodoxa de suas igrejas.

> Não sei, estou um caos, mas não é possível que o Deus do amor deixe de nos amar. Nisso, o Papa e a hierarquia não podem ser infalíveis; tantas pessoas não podem ficar sem saída somente porque seus gostos sexuais são diferentes.

Outras pessoas que antes tinham um preconceito harmônico e fechado buscaram informação, estiveram abertas às mudanças da vida e começaram a mudar. Nesse processo, é mais fácil mudar a mente (as ideias erradas) que o coração (os sentimentos). Por isso, algumas pessoas já vêm apresentando uma atitude mental positiva em relação à homossexualidade, mas não podem esconder os sentimentos de insegurança, mal-estar ou rejeição.

> Eu sei que os homossexuais são normais, antes não pensava assim; no entanto, agora, depois de ler sobre o assunto e de escutar profissionais dignos de confiança, reconheço que estava errado. Eu pensava em como me haviam ensinado, certamente que meus pais ou os padres de meu colégio não sabiam nada dessas coisas.

---

*N. de T. Referimo-nos a "pessoas religiosas" com o intuito de abarcar tanto católicos (maioria no Brasil) quanto evangélicos (em franca ascensão). Em muitos casos, o antagonismo em relação às normas de suas igrejas foi tal, que muitas pessoas religiosas fundaram igrejas com serviço especial para homossexuais. A *Metropolitan Community Church* (Igreja da Comunidade Metropolitana) é exemplo disso. Ver também: www.icmsp.org

Sou uma pessoa homofóbica? Sou uma pessoa bifóbica?

Agora estou convencido de que são normais e que devemos aceitar essas pessoas, não lhes criando dificuldades. No entanto, não consigo me livrar de uma sensação de incômodo, insegurança, mal-estar e até rejeição aos homossexuais. Tenho vergonha de reconhecer isso, mas é a verdade.

Bom, a ideia de ter um amigo e, muito pior, um filho ou uma filha homossexual deixa-me muito nervoso, não posso evitar.

As combinações dos componentes da atitude homofóbica ou bifóbica são muito numerosas:

- Em minha maneira de pensar há alguma idéia ou crença, alguma dúvida mental que me faça rejeitar, olhar com maus olhos ou desconfiar do fato – hoje comprovado – de que se pode ser homossexual ou bissexual e ter uma vida pessoal e social saudável?
- Há em meu coração, em meus sentimentos, algum ódio, alguma rejeição, algum medo, alguma insegurança diante do fato de que existem homossexuais? E, diante do fato dessas pessoas serem nossos amigos, filhos ou até mesmo pais?
- Em meu comportamento, sinto-me inclinado a rejeitar, a fugir, a evitar os homossexuais? Torno a vida dessas pessoas difícil em algum sentido?

Seja sincero, conhecer a si mesmo é o primeiro passo para levar você e os demais a sério.

Se a resposta a essas três perguntas é negativa, você não é uma pessoa homofóbica, parabéns. Você e os outros podem viver melhor. Agora, se as respostas foram positivas, você tem um caminho a percorrer. Peça ajuda, se necessário for, porque não há fundamento racional para a atitude homofóbica, sendo que ela envenena o coração, produzindo danos aos demais.

Se você é uma pessoa homofóbica ou bifóbica deve pensar e refletir: quem tem problemas sou eu, então eu é que tenho de mudar

Se as respostas não têm um sentido claro, ou são claras em um dos aspectos e não em outros, você está em um processo de mudança, mas mude para uma boa direção: aceitar a diversidade e auxiliar no processo de aceitação e respeito aos demais.

Se ainda persistir algum aspecto ou nível de homofobia você deve pensar e refletir: "quem tem problemas sou eu, não os homossexuais", "sou eu quem deve mudar", "sou eu quem precisa de ajuda".

Certamente, conhecer esses mecanismos é útil para os próprios homossexuais, os quais também podem ser homofóbicos ou bifóbicos, rejeitando sua homossexualidade, rejeitando outros homossexuais, rejeitando os bissexuais ou não aceitando que uma pessoa que supostamente teve comportamentos homossexuais deixe de tê-los, ou passe a ter comportamentos heterossexuais.

Os homossexuais também podem rejeitar os heterossexuais, os casais heterossexuais e a família convencional. É outra forma de fobia irracional que convém conhecer, analisar e abandonar. Os heterossexuais não cometem nenhum delito pelo fato de pertencerem a uma maioria ou por serem mais ou menos convencionais.

Uma das formas que reveste essa atitude contra os heterossexuais, contra os casais heterossexuais e contra a família convencional é a de confundir vários fatos e de denegrir toda relação considerada convencional:

- Deduzir do fato de existirem leis, condutas sociais homofóbicas e heterossexuais que rejeitam a homossexualidade que todos os heterossexuais são culpados e homofóbicos, coisa que, evidentemente, não é verdade. A aliança entre os homossexuais e os heterossexuais que aceitam a homossexualidade é fundamental para mudar a maneira de pensar das pessoas homofóbicas.
- Criticar de forma sarcástica as formas de relação convencionais. Os casais e as famílias convencionais são boas opções, mas não obrigatoriamente as únicas. Para defender a opção própria não é preciso atacar a opção dos demais, isso é uma forma de ressentimento e rejeição que não é racional, sendo, pelo contrário, uma maneira de não contribuir para a melhora da sociedade.

A família heterossexual e hegemônica está em crise, estando com os dias contados. (Frase proferida por um homossexual em uma mesa-redonda)

O perigo da família heterossexual. (Capítulo de um livro sobre homossexualidade)

Os rapazes heterossexuais, que se relacionam comigo e que de fato gostam de mim, parece que têm uma esperança secreta: converter-me em heterossexual, serem eles os salvadores de minha perversão. (Comentário de uma mulher lésbica)

Qual é a origem da homofobia e da bifobia?

Não é fácil encontrar uma resposta para essa pergunta. No entanto, muitos são aqueles que o fazem, sem se questionar se a resposta tem ou não fundamento.

Na maior parte dos casos, a origem da homofobia está no que outras pessoas nos transmitiram

O mais provável é que existam várias origens ou fatores que podem desencadear a homofobia e a bifobia. Estas podem atuar de forma isolada ou em interação uma com a outra. O que acabamos de ver sobre a estrutura e funcionamento da homofobia irá nos ajudar a encontrar a resposta para a pergunta deste tópico.

Em primeiro lugar, e assim é na maior parte dos casos, a origem da homofobia reside no que outras pessoas nos transmitiram. Não se baseia em experiências pessoais, nem no conhecimento, mas na tradição oral. Quando os adultos atuais, especialmente os maiores de 50 anos, eram pequenos, o que se dizia de forma muitas vezes informal e imprecisa era que a homossexualidade era uma perversão, uma degeneração, algo mau e indesejável. Às vezes não se dizia de maneira formal, mas sim por meio de insultos ("ele é uma bicha"), piadas, brincadeiras, etc. Tudo o que era relacionado à homossexualidade era ruim, negativo e, talvez, perigoso.

Algumas pessoas (às vezes os próprios pais, os professores, etc.) chegavam a dizer coisas terríveis, não tanto por maldade, mas por ignorância.

Essas ideias ou crenças negativas eram reforçadas pelas relações mais ou menos viscerais que vimos e por condutas que pudessem servir de modelos (neste caso, no pior dos sentidos; o mau exemplo de que falavam nossos avós).

As igrejas, a escola, o exército (instituição de difícil aceitação dos homossexuais), a televisão, etc., todos eles apresentavam os homossexuais como pessoas pervertidas, indesejáveis e até perigosas.*

Nesse contexto fechado, que oferecia uma única interpretação – a negativa – , o mais convencional era que as pessoas acabassem se tornando homofóbicas em maior ou em menor nível. Somente os que tivessem influências favoráveis, ou conhecessem homossexuais, poderiam formar uma idéia diferente. Isso tudo fazia parte dessa terrível situação: adquiria-se uma atitude negativa e até hostil frente a pessoas que não se conhecia, visto que a homossexualidade era socialmente silenciada e ocultada pelos próprios homossexuais.

Em segundo lugar, o fato de ser um homem heterossexual, tradicional e machista está claramente relacionado à homofobia. Os estudos sobre a homofobia confirmaram, de maneira exitosa, o fato de que ela tem um rótulo de gênero masculino muito definido, muito forte e muito estereotipado. O que popularmente se entende por "ser muito macho". Os homens homossexuais seriam uma ameaça, um desafio, eles poriam este rótulo em xeque.

---

*N. de R.T. Recomendamos a leitura do livro *A personagem homossexual no cinema brasileiro*, de Antônio Moreno, publicado pela Editora da Universidade Federal Fluminense.

> As atitudes homofóbicas são mais comuns entre os homens que se identificam com o rótulo tradicional e entre os que vivem a religião de uma maneira fundamentalista. (Rathus, Nevid e Rathus, p.246)

Alguns homens heterossexuais podem sentir medo de que eles mesmos sejam homossexuais

Há, aqui, as duas origens: a ideológica e a vital.

O sexo é a terceira das explicações, já em parte concluída na causa anterior: os homens heterossexuais são mais homofóbicos que as mulheres heterossexuais, apesar de haver muitos homens heterossexuais que não o são. É uma terceira razão que reforça a anterior, mas que vai além, porque considerados enquanto grupo, os homens heterossexuais, independentemente do nível de machismo, são também mais homofóbicos.

Em quarto lugar, alguns homens heterossexuais podem sentir medo de que eles mesmos sejam homossexuais, o que faz com que se defendam desse temor por meio de atitudes irracionais de defesa de sua heterossexualidade, rejeitando os homossexuais. De fato, é muito possível que algumas pessoas, mais os homens que as mulheres, tenham medo não só da homossexualidade como também de ser ou de ter em si mesmos algo de homossexual. A insegurança na própria orientação do desejo heterossexual, no nível de hombridade requerido, nesse contexto, insistimos, pode favorecer uma rejeição ainda mais forte e irracional. Se esse medo é compartilhado entre amigos, em grupo ou associação, pode provocar comportamentos tão graves como surrar, espancar ou até mesmo matar uma pessoa pelo fato dela ser homossexual. Certamente, a combinação de ideologia irracional com esse medo é extremamente explosiva. Mais ainda quando vivida em "grupos".*

Em quinto lugar, inúmeros são os pais e mães (mais pais do que mães), que se sentem mal, têm medo quando se cogita a possibilidade de seu filho ou sua filha ser homossexual. Essa postura tem várias origens possíveis. Por um lado, a própria homofobia dos pais, que pode crescer em se tratando da homossexualidade dos filhos. Se os pais já apresentam comportamento homofóbico não só podem chegar a sentir sua idealização de filho ou filha ameaçado, como também a própria hombridade:

> Só de pensar que meu filho possa ser homossexual fico com os pelos arrepiados. Eu considerava essa ideia intolerável. Será que não sou bastante macho para que meu filho seja assim? Como vou levá-lo às reuniões da empresa ou a jantares com amigos? Sentiria muita vergonha. (Um pai homofóbico)

---

*N. de R.T. No Brasil, um dos casos mais dramáticos foi o assassinato de Edson Neris da Silva por *skinheads* integrantes do grupo "Carecas do ABC", em 6 de fevereiro de 2000, na Praça da República em São Paulo.

Por outro lado, e esta é a parte mais racional dessa atitude, indo ou não acompanhada da outra, os pais, e neste caso também as mães, preocupam-se e sentem medo das dificuldades que seu filho ou sua filha homossexual possa enfrentar. O medo, em alguns casos, não é tanto gerado pela homossexualidade, mas sim pelas consequências que seus filhos possam sofrer.

> Eu o aceito. É verdade que fiquei triste, mas já superei. É meu filho e o quero muito, goste ele de homens ou de mulheres. Disso não tenho dúvida. No entanto, fico com muita pena do que possa acontecer a ele, a dificuldade que um homossexual tem para viver atualmente. (Mãe de um homossexual)

A razão que essa mãe apresenta pode ser genuína e certamente racional, até certo ponto, mas também é verdade que, em alguns momentos, esconde também certa homofobia e uma clara insegurança, já que questiona a possibilidade de seu filho ser homossexual e feliz.

Em outros casos, esse temor ou rejeição pela homossexualidade dos filhos se baseia ou se legitima por meio de outros pensamentos, como:

> Não podemos ter netos, não podemos ser avós.

Ter filhos homossexuais, portanto, significaria, de acordo com essa concepção, a renúncia a um projeto de descendência. Esse temor pode ser maior em se tratando de um filho ou de uma filha único(a). Naturalmente que esse temor é cada vez mais infundado atualmente, mas se estivesse fundamentado, seria inaceitável que os pais o vissem como impedimento para conceder aos filhos o que eles mais precisam: aceitação e amor.

Por último, e peso do "o que dirão" é demasiadamente grande para pessoas muito convencionais e dependentes do julgamento da sociedade. Temem o que dirão os familiares, os vizinhos, os conhecidos. Às vezes, expressam sua preocupação de uma forma dilacerante:

> Eu não me importo, mas é que as pessoas... as pessoas irão fazer comentários, irão nos olhar... as pessoas... Que dirão os avós, os tios, os primos? E os vizinhos?

Há muitas origens para a homofobia: descubra a origem de sua homofobia e de sua insegurança sobre esse tema. Você verá que ela é infundada. Procure auxílio se não consegue arrancá-la de você.

A rejeição à homossexualidade

A rejeição à homossexualidade não é uma alternativa. Da mesma forma que não a é para os homossexuais. Tampouco, para os pais de homossexuais. O preço é insuportável e injustificável.

Não se aceitar enquanto homossexual não é a solução: se os homossexuais e as lésbicas, ou os bissexuais, rejeitam sua orientação do desejo de uma ou de outra forma ("não é verdade, com certeza é um erro", "eu não sou assim, não é possível"), serão obrigados a adotar comportamentos insatisfatórios, renunciar a relações satisfatórias... Não aceitar ser o que se é conduz ao conflito e aos problemas.

Todas as alternativas que supõem rejeição são nocivas:

- Enganar a si mesmo, procurando ter relações heterossexuais, casando-se, etc.
- Renunciar ou eliminar o máximo possível o desejo e não ter relações sexuais.
- Buscar ajuda terapêutica para se tornar heterossexual.

Nenhuma dessas alternativas conduzirá a um lugar seguro. O que certamente acontecerá será o fracasso de todas elas. A alternativa menos conflitiva é a segunda, mas supõe renunciar à intimidade sexual e emocional com outra pessoa. Alguns casais legitimam essa segunda opção com um celibato religioso, no qual encontram a solução de seus problemas. Naturalmente que não negamos o direito a que os homossexuais têm de serem celibatários, pelas razões que considerem oportunas, mas quem dera pudessem ser celibatários reconhecendo-se enquanto homossexuais.

> Eu tentei tudo antes de me dar por vencido. Tive várias namoradas, até me casei. Tive um filho... No entanto, algumas vezes me apaixonava por alguns de meus alunos ou outro "tio" como eu. Aos 35 anos não aguentava mais, e tive que reconhecer o fato, romper com a família e começar do zero. Finalmente estou onde quero estar.

> Minha maneira de não aceitar o fato de que sou lésbica foi negar a mim mesma e renunciar ao direito de manter relações com homens ou com mulheres. Morto o cachorro, curou-se a raiva. Sou uma solteirona, pouco feliz, essa é a verdade [...] mas essa é a solução que eu considerei mais adequada. Já sou maior e não gosto de mudanças; mas a verdade é que são as mulheres que me atraem e pelas quais me apaixonei (sem dizer nada, é claro) várias vezes.

> Vivo em uma grande confusão. Eu, como sou padre, não tenho problema. Sei que sou homossexual, mas como sou padre e celibatário, em teoria e na prática, não me causa nenhum problema. Mas sofro muito quando penso naqueles que são padres e homossexuais.

Faz anos que nós, terapeutas, não pretendemos ajudar os homossexuais a abandonar o que são, pelo contrário, tentamos auxiliá-los a se aceitarem e a superarem as dificuldades que a sociedade cria para eles. Essa é a melhor solução.

É normal que os homossexuais passem por um período de conflito. Todavia, devem superá-lo e se aceitar. Na sociedade contemporânea, encontramos melhores condições para que o homossexual se aceite e viva como tal. Essa é a melhor alternativa.

Os problemas oriundos da falta de aceitação familiar dos filhos homossexuais têm consequências extremamente destrutivas para estes e para toda a família. Para nos convencermos de que essa atitude não é uma alternativa, vejamos alguns pontos.

Custos para os filhos

Não aceitar um filho ou uma filha homossexual não é uma alternativa e traz graves consequências para o filho ou para a filha e para a família

Primeiramente, não aceitar a homossexualidade do filho ou da filha condena-os a ter que conviver com a rejeição, com a não-aceitação por parte das pessoas que para eles são mais significativas: seus pais. Isso pode desestabilizá-los emocionalmente, fazendo com que se sintam extremamente sozinhos, não contando com o apoio principal do qual precisariam: "[...] os que tinham que me amar me rejeitam; não posso contar com eles no que mais preciso".

A autoestima do filho ou da filha será gravemente ameaçada: "[...] eu não valho nada para eles, sou esquisito, um incômodo, um problema".

CASOS:

1. Quando o senhor Gonzáles (45 anos) ficou sabendo que seu filho era homossexual, não apenas se desgostou por toda a vida, desestabilizando seus conceitos, como disse "ou você se cura ou vai embora de casa", "aqui nós não aceitamos bichas", "eu não quero um filho bicha".
2. Laura, 50 anos, mãe de uma filha lésbica, chorou diversas semanas quando ficou sabendo. No entanto, depois acreditou ter encontrado a solução e a propôs para a filha: "Bem, já que é assim, fique em casa como solteira. É o melhor para todos e ninguém saberá".
3. Celso, um rapaz de 17 anos, estava convencido de que seus pais, sobretudo seu pai, nunca aceitariam sua homossexualidade... Os conflitos foram tantos que ele não conseguiu superá-los. Um dia se afastou de tudo e de todos e se suicidou.
4. Gerardo, 35 anos, foi embora de casa, sem dizer nada, aos 18 anos. Hoje ele vive como homossexual em uma cidade grande. Vai para casa no Natal.

COMENTÁRIOS:

1. O senhor Gonzáles é um pai impiedoso. As consequências podem ser muito graves para seu filho, para ele e para toda a família.
2. Laura é uma mãe convencional e egoísta, que transforma a homossexualidade da filha em um motivo para tê-la consigo, a seu serviço. A motivação, além da conduta, é muito grave e inaceitável.
3. Celso é uma vítima de sua família e da sociedade. Certamente era mais vulnerável e não foi capaz de buscar uma saída. Se seus pais chegassem a saber o motivo de seu suicídio, como se sentiriam?
4. Gerardo encontrou uma solução mais inteligente que Celso. É o que muitos têm de fazer: uma vida dupla. No entanto, é uma pena que ele não possa falar do mais importante com seus pais e, como mais um membro da família, viver plenamente sua homossexualidade.

Essa rejeição se daria em um dos momentos mais importantes e instáveis da vida do filho ou da filha: na puberdade e na adolescência, quando estão mudando, quando têm que se tornar adultos e iniciar o caminho para a autonomia. É nessa idade que tomam conhecimento de sua orientação homossexual e quando têm, muitos deles, as primeiras experiências sexuais. Eles se veriam obrigados a viver escondendo sua sexualidade dos pais, sem ajuda, com medo de que fiquem sabendo, etc.

De fato, os adolescentes homossexuais estão mais propícios ao suicídio, às drogas, às más companhias, à fuga de casa, etc.

Fugir de casa pode ser o início de um caminho perigoso, sem apoio dos pais e com uma alta vulnerabilidade, podendo relacionarem-se com pessoas que sejam um grande perigo para eles.

> Fui embora de casa aos 16 anos porque não podia dizer nada e não aguentava mais. Passei a morar com uns caras maiores. Aconteceu de tudo, mas para casa eu não queria voltar. Senti-me sozinho e abandonado, como alguém sem pai nem mãe. Procurava algum lugar para ficar, mas somente encontrava pessoas que queriam se aproveitar de mim.

Nesse caso, rompe-se de fato a relação com os pais, em um ou outro nível. Essa ruptura pode se dar de forma mais ou menos brusca e mais ou menos radical. Muitos, por outro lado, têm que viver uma vida dupla: uma com seus pais, vendo-os poucas vezes, e outra onde ganham a vida.

A relação pode ser ambivalente: "quero ter meus pais comigo, mas também posso dizer que não os quero, que os rejeito".

Essas relações com a família podem evoluir de muitas formas; mas no melhor dos casos (comunicação da orientação do desejo e reconciliação) supõem um caminho muito sofrido, que não deveria ocorrer. Em outros casos, o silêncio é por toda a vida, da mesma forma a vida dupla. Nos casos mais extremos, a ruptura é total e definitiva.

> É terrível, mas é a verdade. Não voltei a ver meus pais desde que fui embora de casa. Passaram-se 10 anos. Para mim é como se não existissem, apesar disso não ser verdade; é como se houvesse uma adaga cravada em meu peito. Sobretudo, dói não saber de minha mãe.

Os filhos e as filhas homossexuais estão condenados a não poder apresentar seus companheiros para os pais, a não poder passar uns dias de férias como casal na casa deles, a não poder ver, juntos e felizes, as pessoas que mais amam: seus pais e seus companheiros.

> Bem, eles já sabem que tenho namorada, outra mulher. Mas não pude ir para casa com ela. É terrível, mas não consegui que eles aceitassem.

No caso de ruptura, outro do custo é não poder contar com os avós (os pais de seus filhos) para que os ajudem, quando formam uma nova família com filhos.

> Adotamos um filho e não posso levá-lo para os avós. Se fosse como mãe solteira o aceitariam, certamente; mas como casal lésbico é impossível.

Não aceitar um filho ou uma filha homossexual pode suscitar reações de ódio ou rejeição dos filhos para com os pais, considerando-os como parte de uma sociedade que cria dificuldades.

> Meus pais são como os demais. Não nos aceitam, são detestáveis. Não posso perdoá-los.

Além disso, muitas vezes supõem-se não poder herdar, nem compartilhar os benefícios dessa herança. Alguns pais levam em conta a homossexualidade dos filhos chegando ao extremo de deserdá-los.

> Como meu pai ficará sabendo que tenho um namorado, certamente irá me deserdar.

Em todos os casos, a rejeição dos pais torna muito mais custoso e doloroso o processo de aceitação da homossexualidade por parte da filha ou do filho. Alguns filhos ou filhas podem chegar a rejeitar sua própria homossexualidade tornando-se homofóbicos, condenados a lutarem contra si mesmos durante certo tempo ou por toda a vida.

Não aceitar um filho ou uma filha homossexual pode suscitar reações de ódio ou rejeição dos filhos para com os pais

Por último, a rejeição por parte da família é uma cadeia de consequências negativas imprevisíveis. Se o filho ou a filha homossexual escapa de seus efeitos destrutivos será por sua resistência ou porque talvez tenha a sorte de encontrar pessoas que os aceitem e os amem. Entretanto, é muito triste para alguns pais que seu filho ou sua filha esteja bem, porque, apesar de serem *seus* filhos, conseguem a felicidade por meio de outras pessoas.

Portanto, os pais devem pensar que rejeitar o filho ou a filha homossexual não é uma alternativa, mas sim um caminho de destruição e dor desnecessários.

Custos para os pais e a família em geral

Os pais que não aceitam seus filhos homossexuais fracassam como pais

Não são somente os filhos e as filhas homossexuais não-aceitos que sofrem as consequências. Os efeitos negativos também são sofridos pelos próprios pais e pela família como um todo.

Se rejeitam seus filhos, tornam-se cúmplices de uma sociedade ignorante e cheia de medos e preconceitos. Pertencer enquanto cidadãos a esse grupo é inaceitável, pertencer a ele enquanto pais é muito grave, uma vez que supõe negligenciar a função central dos pais: aceitar incondicionalmente os filhos tais como são.

Os pais que não aceitam seus filhos homossexuais fracassam como pais, e pelo mesmo motivo, não cumprem suas funções. É certo que em um ou em outro momento se sentirão fracassados, desorientados e, talvez, culpados.

Eles se verão obrigados a esconder "a vergonha de seus filhos e sua própria vergonha", não poderão falar normalmente de todos os assuntos relacionados aos filhos, à sexualidade e às relações.

A vida familiar não poderá ser nunca "normal", porque se encontram ausentes os membros "especiais, distintos". Perderão, no sentido afetivo e social, um filho ou uma filha. Nada poderá ser igual nem normal. Desse modo, podem estar fisicamente, por ausência ou fuga, sem um filho ou sem uma filha.

Definitivamente, para os pais e para a família, o clima familiar e as relações se tornam difíceis e conflitivas, todos sucumbindo diante de relações falsas, superficiais e, às vezes, destrutivas.

Alguns homossexuais – conhecemos muitos assim – carregam esse fardo pesado e são tão bons que tentam manter, na medida do possível, as relações familiares e, apesar de tudo, compreender os pais que os rejeitam, ser bons filhos ou boas filhas. Quão triste é para os pais serem os filhos e as filhas homossexuais aqueles que vejam a partir da perspectiva do outro, que perdoem... e os sigam amando, apesar de tudo!

IDEIAS RELEVANTES:

- Família e homossexualidade eram irreconciliáveis. Atualmente as coisas estão mudando, mas o processo não acabou e os homossexuais ainda encontram dificuldades.
- Existem coisas que não sabemos, mas o mais importante nós conhecemos bem: a homossexualidade, se aceita e vivida, especialmente com o apoio da família, é compatível com a saúde.
- A homofobia, o medo e a rejeição em relação à homossexualidade têm vários componentes (ideias, sentimentos e condutas), e sua origem é muito diversa. Mas é uma atitude perigosa baseada na ignorância e no medo.
- Não aceitar a própria homossexualidade e não aceitar a homossexualidade dos filhos é um caminho errôneo e destrutivo.
- Se você é uma pessoa homofóbica ou insegura em relação a esse tema, busque informação profissional e, se necessário for, busque ajuda, porque o problema está em você, e não nos homossexuais.

4 O que os pais devem fazer

PERGUNTAMOS:

- Quais são as regras ou os princípios fundamentais para ajudar os filhos e as filhas homossexuais? O que eu devo fazer? O que é mais importante, o que não pode falhar?
- O que devo saber e fazer ao longo do processo, desde o nascimento até que a orientação do desejo se especifique e se consolide? Como tratar as manifestações sexuais na infância?
- Qual é o percurso que um homossexual trilha e como percorrer esse caminho fazendo que termine bem?
- O quê e como? Quero saber o que fazer na prática.

FALAREMOS SOBRE:

- Os princípios gerais para o exercício da paternidade e da maternidade. As regras fundamentais dos pensamentos, sentimentos e da conduta dos pais.
- O apoio ao longo de todo o processo evolutivo, desde o nascimento. Como fazer uma verdadeira educação sexual: não se trata tão-somente de ajudar os filhos quando a homossexualidade é descoberta, mas também de ajudar todos os filhos e as filhas, quer sejam eles homossexuais ou heterossexuais, a viverem bem os afetos e a sexualidade.
- A ajuda ao longo do percurso que os homossexuais percorrem, desde a etapa de confusão até a aceitação e a expressão social de sua homossexualidade.

É o momento de falar de coisas agradáveis e positivas. Tratar o tema da homossexualidade dos filhos nos faz pensar em problemas e dificuldades: acabamos de constatar isso, não podemos negar. No entanto, o mais importante é ler este capítulo com otimismo e com uma perspectiva positiva: tudo pode dar certo e, portanto, deverá dar certo.

Somente as sociedades que não querem mudar, as escolas que não tratam esse tema e os pais que se negam a ajudar seus filhos devem ser criticados

Os pais que já cometeram erros não devem se culpar, exceto se não estão decididos a mudar. Os erros da sociedade, da escola e dos pais, como anteriormente vimos, possuem origens muito antigas, não são uma história de culpas individuais. Somente as sociedades que não querem mudar, as escolas que não tratam esse tema e os pais que se negam a ajudar seus filhos, depois de tudo o que sabemos atualmente, devem ser criticados. Mudemos, aceitando o fato de que a homossexualidade é uma alternativa saudável, é o melhor para os homossexuais, para as famílias e para a escola.

Certamente, o ideal seria se não tivéssemos de mudar, se desde o começo tivéssemos feito tudo certo. E é exatamente isso que queremos: agir bem desde o princípio. Nisso se centra este capítulo. Se você não agiu bem desde o começo, não se culpe, comece a agir agora, com expectativas positivas para a vida, porque o importante é que todos consigam viver melhor.

Princípios gerais: as funções fundamentais da maternidade e da paternidade

Princípio geral e fundamental: os pais devem aceitar seus filhos e suas filhas homossexuais da mesma maneira que aceitam seus filhos e suas filhas heterossexuais. O mais importante de tudo o que os pais devem fazer pode ser resumido assim:

Ser incondicionais

Ser incondicionais com seus filhos e suas filhas: aceitá-los como são, meninos ou meninas, homossexuais ou heterossexuais, altos ou baixos, com bom ou mau rendimento escolar, loiros ou morenos, etc. Incondicionalidade significa não impor condições: se é inteligente, se é menino, se é heterossexual, se é como eu havia sonhado e projetado.

Cada pessoa é única, devendo ser aceita pelos pais tal como é. Impor condições é uma forma grave de rejeição e supõe uma chantagem emocional destrutiva para os filhos menores:

> [...] amo você se for como eu projetei, te amo de uma maneira ou de outra se for "tão macho quanto eu".

No caso dos homossexuais, os pais também devem aceitar seus filhos e suas filhas tais como são, embora possa ter sido para eles uma surpresa e um grande desgosto.

Meu filho é homossexual e é como eu o aceito, porque ele é assim: você é como é, meu filho, sua vida é somente sua, ela pertence a você e eu o aceito como é, sem impor a condição de ser heterossexual.

Isso significa que, em nossa sociedade, a homossexualidade dos filhos pode provocar um grande desgosto e até mesmo um trauma nos pais. Eles devem reagir, corrigir seu erro e aceitar os filhos como são.

Há muitas formas de agir mal:

- Rejeitando-os; é a mais forte, isto está claro.
- Mantendo o desgosto ou o trauma inicial.
- Manifestando sua preferência de que fossem heterossexuais: "seria muito melhor que...".
- Questionando a homossexualidade deles.
- Buscando ajuda para mudá-los.
- Pedindo que não manifestem sua homossexualidade em público.
- Discriminando-os em relação a outros filhos.
- Sentindo-se culpados ou infelizes pela homossexualidade do filho ou da filha.
- Não aceitando a pessoa que seus filhos ou suas filhas escolheram tratando-a de maneira discriminatória.

Estimar e valorizar positivamente o filho ou a filha

Todas as pessoas têm dignidade e merecem ser valorizadas. Os filhos e as filhas devem ser o que os pais têm de mais valioso. Os pais não devem apenas aceitá-los, mas também estimá-los, valorizá-los, atribuindo a eles dignidade e valor. Isso é o que fazem pais e avós quando dizem para os filhos coisas como estas: "amo você", "meu amor por você é do tamanho do mundo", "você é a alegria da minha vida" e tantas outras possibilidades de expressar carinho.

O que mais contribui para a estima é o amor, o carinho... porque aprendemos que se alguém nos ama, enxerga em nós pessoas dignas de seu sentimento. E ser digno de ser amado é muito valioso.

Os filhos e as filhas homossexuais merecem a mesma estima e têm o mesmo valor que os heterossexuais, nem mais nem menos: iguais, mas diferentes.

Os filhos e as filhas homossexuais merecem a mesma estima e têm o mesmo valor que os filhos heterossexuais: iguais, mas diferentes

É importante que os pais manifestem explicitamente a seus filhos e suas filhas homossexuais que os aceitam e que os estimam de verdade; que lhes dão todo o valor do mundo, que os amam.

Se no início a homossexualidade de seu filho ou sua filha o surpreendeu e você não reagiu bem, deve falar com eles, desculpar-se, pedir perdão e compreensão, e finalmente aceitá-los, valorizando-os e amando-os.

Os pais não podem dizer e sentir coisas como: "preferiria que fosse heterossexual", porque seu filho ou sua filha é como é e não há nenhum motivo para desvalorizá-los e rejeitá-los.

Dar afeto e manter relações amorosas

> *Quando os pais conhecem a homossexualidade de seus filhos ou suas filhas, não devem mudar seu comportamento afetivo*

A incondicionalidade e a estima devem vir acompanhadas de afeto, de uma relação amorosa. Os filhos e as filhas devem ser acariciados, beijados, tocados, abraçados, pegos no colo, olhados com confiança, etc. Cantar para eles, escutá-los, atendê-los, jogar e fazer mil coisas junto com eles. O afeto é tão necessário quanto comer.

Essas manifestações são maiores e mais íntimas durante a primeira infância; mas é bom que, de uma forma ou de outra, se mantenham ao longo da vida.

A homossexualidade de seu filho ou sua filha não é motivo para ter uma relação afetiva diferente. Os pais e os filhos podem e devem ter relações afetivas, de acordo com seu estilo, é claro, mas iguais, tanto sendo eles heterossexuais quanto homossexuais. Não se deve esquecer o que os pais nunca devem fazer – proibição do incesto – ter desejos ou condutas sexuais com os filhos, quer sejam os filhos homossexuais quer sejam heterossexuais.

Quando os pais conhecem a homossexualidade de seus filhos ou suas filhas, o que frequentemente ocorre na adolescência ou juventude, não devem mudar seu comportamento afetivo.

Que os pais possam dizer de cada filho ou filha:

> Olhei para você, fiz carinho, abracei, beijei, coloquei em meu colo... por toda a vida, porque amo você; partilhamos um do outro, preenchemos a cartilha do amor entre pais e filhos. Meu colo é seu, pode repousar nele quando quiser.

> *Você é assim. Está bem como é. Assim eu aceito, valorizo e amo você*

Quando os pais são assim, os filhos ou as filhas se sentem seguros, protegidos, aceitos, queridos e valorizados. Que os filhos possam dizer:

> Meus pais têm um amor incondicional, sei que nunca irão falhar comigo. Aceitam minha homossexualidade como um fato e de boa vontade.
>
> Meus pais me estimam e valorizam; eles demonstram seu afeto por mim. Eu sei que sempre me amarão, seja qual for minha orientação do desejo, etc.

Estar disponíveis e ser acessíveis

Os pais devem estar sempre disponíveis e acessíveis. A família é também um refúgio e um lugar de consolo e apoio nos momentos de dificuldades. Os filhos devem aprender, saber e estar finalmente certos de que sempre contarão com um colo, um lar, pais com quem se pode chorar, a quem possam contar seus problemas e suas dificuldades, nos quais possam buscar consolo.

É muito provável que na vida de um homossexual não faltem dificuldades e desgostos devido à rejeição social (mas haverá também aqueles que os tratarão como todo ser humano). É fundamental que contem com a possibilidade de buscar refúgio e consolo em seus pais.

Que os filhos e as filhas homossexuais possam dizer coisas como estas:

> Estive mal muitas vezes, sobretudo na adolescência. Mas sempre sabia que meus pais estavam ali, que sempre poderia contar com eles, que com eles poderia chorar meus desgostos e receber consolo. Eles são para mim um refúgio seguro, um apoio incondicional.

Amar é agir e não somente ter boas intenções

O caminho em direção à aceitação, à estima e ao amor

Para cumprir bem as condições básicas que comentamos nos princípios gerais de atuação, são importantes algumas aprendizagens dos pais. Lamentavelmente, os pais vivem em uma sociedade homofóbica, cresceram e se desenvolveram em meio a preconceitos contra a homossexualidade; foram socializados heterossexualmente, sendo eles – embora nem sempre – heterossexuais, e nem sequer pensaram na possibilidade de que alguns de seus filhos ou suas filhas fossem homossexuais. Tudo isso coloca muitos pais em um ponto de partida difícil, já que para eles não é fácil agir bem, especialmente no início.

Por isso, na prática, é importante que os pais se informem e sejam informados de que muitas das crenças do passado a respeito da homossexualidade são erradas e cruéis. Uma boa informação sobre a homossexualidade os ajudará a analisar criticamente o tratamento que o mundo no qual viveram dava à homossexualidade, e a necessidade de mudá-lo. Não há nada melhor do que superar a ignorância acerca disso.

> Independentemente de quem é o responsável, vivíamos na ignorância, pensando que a homossexualidade era uma perversão. E não é verdade, é uma variação saudável da orientação do desejo. Assim reconhece a ciência e a experiência médica há muitas décadas.

O passo seguinte é confrontar e/ou ajudar os pais a assumirem suas próprias atitudes, se estas mantêm preconceitos homofóbicos.

Em consequência de seu passado, vivendo em uma sociedade homofóbica, do fato de que talvez não tiveram a oportunidade de conhecer homossexuais de carne e osso ou porque tenham pertencido a uma igreja ou crença homofóbica, os pais podem ainda ter atitudes e preconceitos negativos, de forma que, quando tomam conhecimento de que seu filho ou sua filha é homossexual, "o mundo vem abaixo".

Reconhecer isso, se assim for, é o primeiro passo para mudar e melhorar. Se os pais não podem fazer por si mesmos, devem procurar um profissional com boa formação.

Enquanto se produz a mudança e o abandono da homofobia, é importante que os pais sigam determinadas orientações.

A primeira delas é que os pais controlem sua homofobia, reconhecendo que o problema é seu e não dos filhos ou das filhas homossexuais:

> Eu é que tenho problema, que tive influências terríveis e ignorantes. Devo levar em consideração que o problema é meu e não de meu filho ou minha filha. Sou eu quem deve mudar. Enquanto isso, procurarei não agir mal, reconhecer diante dele ou dela que estou disposto a mudar.

Também devem pedir desculpas ou perdão para o filho ou a filha homossexual, se não reagiram bem no início ou se ainda são incapazes de fazê-lo.

> Meu filho, sinto muito. Não pude evitar o sofrimento, o choro... Vi com maus olhos sua homossexualidade. Perdoa-me, eu não estava preparado, estava errado, é que me "ensinaram mal...".

Os filhos e as filhas homossexuais que têm pais assim, dispostos a reconhecer que estavam errados e inclinados a mudar, não somente devem perdoá-los, mas também compreendê-los e ajudá-los a mudar.

Outra orientação é falar muito com ambos os pais, com os dois juntos e com cada um em separado; isso pode ajudar muito no processo de aceitação. Aí, então, será possível que os pais entendam e iniciem o caminho que os levará à aceitação positiva de seu filho ou sua filha homossexual. Se não podem fazer esse processo por si mesmos, devem buscar ajuda profissional.

Também pode ser muito útil assistir a reuniões, palestras, e também participar de encontros com outros pais que têm filhos homossexuais, para trocarem experiências, aprender por meio dos erros e acertos dos demais, etc.

Os filhos e as filhas homossexuais, embora não devêssemos pedir isso a eles, têm de compreender que seus pais não são originalmente culpados de sua homofobia, mas sim vítimas de sua história e cultura, devendo ser ajudados a abandoná-la. Pôr-se no lugar dos pais – sua maneira de ver as coisas e o inesperado que é para eles o fato de ter um filho homossexual – , ajudá-los pacientemente a sair de sua ignorância e de seus preconceitos, perdoar seus erros, é o melhor que os filhos homossexuais podem fazer, se possuem os conhecimentos, a força e o amor que tudo isso requer. Isso pode ser muito difícil para um jovem ou adolescente quando em estado de conflito e confusão; no entanto, pode ser mais fácil para um homossexual que já passou pelo processo de aceitação e que já decidiu comunicar seus pais.

Tomara que brevemente possamos dizer que são os pais que reagem bem desde o início e que facilitam o processo para seus filhos! Enquanto isso não ocorre, a empatia para com o outro, o pôr-se em seu lugar (neste caso no lugar dos pais), pode ajudar o filho homossexual a compreender – mais que a justificar – os erros dos pais.

Está claro que na educação sexual a escola e os professores podem e devem ajudar muito os pais e os filhos, auxiliando-os a sair da ignorância e a percorrer o processo de aceitação. O fato de a escola e os profissionais silenciarem acerca desses temas é simplesmente inaceitável e uma grave irresponsabilidade dos governantes.

O final desse processo de mudança dos pais é maravilhoso, porque saberão (estarão bem informados), compreenderão (podem enxergar por meio do ponto de vista dos filhos) e conseguirão aceitar, estimar e amar, fato este que é a maior motivação dos pais. Os filhos e filhas homossexuais devolverão para eles cem vezes mais, porque satisfaz e faz tão bem para eles – pertencentes de uma minoria mal-aceita – que os pais os aceitem, estimem e amem.

As melhores ações: pais que agem bem

Claro que sempre se pode agir melhor desde o princípio; e é isso o que queremos para o futuro. Por isso propomos aqui um guia de como agir bem, que começa pelo seguinte princípio:

A atitude com que se planeja um filho ou uma filha

Quando decidimos ter um filho ou uma filha, tomamos a decisão de dar vida a outra pessoa, não por um tipo específico de pessoa ou por um projeto concreto de vida. Essa decisão que tomamos deve ser de pura generosidade.

Aceitar e querer o outro é ajudá-lo a realizar seu projeto de vida, tal como ele é, tal como pode ser, tal como deseja ser

Não se deve usar o outro em proveito próprio ou projetar sua vida com base no "eu sei o que é melhor para você"

Os pais, quando decidem ter filhos, devem planejar com responsabilidade: estar decididos a se comprometerem para sempre com os filhos, aceitando-os incondicionalmente, sejam meninos ou meninas, heterossexuais ou homossexuais, mais ou menos inteligentes, mais ou menos atraentes, pessoas "normais" ou pessoas com deficiências, etc.

Cada filho ou filha será único e terá características pessoais próprias, assim como um projeto de vida próprio.

Aceito e amo você como é, sua vida pertence a você, eu estou aqui para proteger, cuidar e amar você, não para colocar condições ou idealizar seu projeto de vida. Será bem-vindo e bem amado.

Quando o filho ou a filha nasce, é momento de tornar real esse propósito já apontado, aceitando bem e de forma incondicional a pessoa que nasceu.

O desenvolvimento sexual dos filhos: como fazer?

Para ajudar os filhos e as filhas no campo da sexualidade, sejam eles heterossexuais ou homossexuais, deve-se agir bem desde o princípio. Por isso, vejamos os aspectos mais importantes da educação sexual que estão relacionados a esse tema.

Características de gênero

Como esta pessoa será menino ou menina, é normal e legítimo que seja dado um nome sexuado para ele, quer dizer, masculino ou feminino, e que a vistam e enfeitem como em nossa sociedade se faz com os meninos ou com as meninas. Entretanto, esta educação, como menino ou menina, deve cumprir algumas condições:

- Os meninos e as meninas têm de ser tratados com igualdade em seus direitos e deveres: nas tarefas domésticas, nos estudos, na disciplina, na autonomia.
- Ser homem ou mulher não pode significar discriminação alguma nas possibilidades de estudar, trabalhar ou se divertir.

- Ser flexível e aberto à mudança em todas as questões referentes às características de gênero, desmistificando a idéia de que os meninos e as meninas tenham que ser de uma ou de outra maneira, que joguem este ou aquele jogo, ou que desempenhem esta ou aquela profissão.
- Se o menino ou a menina expressa mal-estar ou rejeição frente às características de gênero – com o que a sociedade considera apropriado para os meninos e para as meninas – os pais (e a escola, certamente) têm que ouvi-los, permitindo maior flexibilidade e mudança em tudo o que é relacionado a essas características.
  Em nossa sociedade, as características de gênero estão muito estereotipadas, são muito rígidas e podem desagradar ou ser rejeitadas por alguns meninos ou meninas.
- Muito embora os filhos ou as filhas aceitem bem as características de gênero da maneira que nossa sociedade as apresenta, deve-se orientá-los a refletir sobre elas, de forma que essas características sejam questionadas, se necessário, e que não sejam convertidas em elementos discriminatórios contra as minorias que se afastam das mais convencionais formas existentes. Se os pais falam e aceitam bem, na prática, os homossexuais, transexuais, etc., os filhos, da mesma forma, os aceitarão com plena normalidade. Os pais não podem fazer piadas de mau gosto, rejeitar as pessoas porque têm outra orientação do desejo, outra identidade, sejam de outra etnia, etc.
  Se, a despeito dos pais, os filhos adquirem posturas discriminatórias da sociedade, os pais deverão intervir ativamente, orientando seus filhos que o comportamento que apresentam é gravemente injusto e intolerável. Podem e devem convencê-los de que é necessário que aceitem as minorias, nesse caso os homossexuais e os transexuais, permitindo a eles ter uma vida pessoal, escolar, de trabalho e social normal, sem maiores dificuldades.

Os demais são como são e devem ser aceitos assim. Máxima que desejamos que seja aplicada a nós também.

O perigo está no machismo, não nos trejeitos

Já explicamos que a homossexualidade não está diretamente relacionada ao fato de apresentar trejeitos. No entanto, existem muitas pessoas que com trejeitos que a sociedade, a escola, as crianças e os pais, frequentemente, julgam de uma ou de outra forma; além disso, asseguram que serão futuros homossexuais.

Os trejeitos são uma diversidade aceitável e saudável para quem age assim

Na família e na escola devem ser aceitas normalmente as diferentes formas de se expressar como homem e como mulher, considerando, é claro, que não haja prejuízo aos demais, como, por exemplo, acontece com determinadas formas de "ser macho".

As pessoas que possuem trejeitos agem dessa forma por diferentes razões, e estão em seu direito de assim proceder. Novamente, nisso devem intervir os pais e a escola, protegendo essas pessoas das críticas e punindo de maneira eficiente quem as faz.

O que é um verdadeiro problema pessoal e social é uma forma de ser macho, o já conhecido "machismo". Os espanhóis, por exemplo, durante muitos séculos, promoveram esse tipo de conduta entre os homens: se acreditavam superiores à mulher, somente aceitando a heterossexualidade, zombando, discriminando e chegando ao cúmulo da agressão a mulheres e aos homossexuais. Não suportavam ouvir "não", sentiam-se desvalorizados com um "não" de uma mulher; perseguiam as minorias, consideravam as mulheres – se fosse ou tivesse sido sua esposa – propriedade sua; sentiam-se orgulhosos por conquistar muitas mulheres, etc. Eram uma espécie de "homens presos à imagem de um pênis heterossexual e violento".

Todo homem deve extirpar de si o quanto tenha de "machista", saber que isso o torna perverso, injusto e intolerante. Os pais devem fazer todo o possível para que seus filhos não sejam machistas, não adquiram deles ou da sociedade essas características tão perigosas para os demais e tão terríveis para eles mesmos.

A família, a escola e a sociedade em geral devem repudiar o machismo e educar seus filhos para a boa aceitação positiva dos dois sexos e das diferentes orientações do desejo. O machismo é uma catástrofe para os demais e para os próprios machistas: perde-se o melhor das relações e da vida – o prazer, a ternura e o amor em igualdade.

Problemas de identidade sexual

Ao longo da infância, a partir da educação infantil, podem surgir problemas de identidade que talvez resultem em transexualidade ou homossexualidade. Nesse caso, usamos a palavra "problemas" porque é apropriada: é um problema acreditar e sentir possuir uma identidade sexual distinta do próprio sexo: "na realidade, sou uma mulher, embora biologicamente seja um homem"; "na verdade, sou um homem, embora tenha corpo de mulher".

O maior problema que pode se apresentar nesse sentido é "o problema de identidade na infância".

> Meu filho tem 5 anos, há muito tempo, desde os 3 anos, diz que é uma menina, só quer brincar de bonecas e, quando pode, veste-se de menina.
>
> Fora isto, tudo está bem. Vai bem na escola e é muito carinhoso com todos. O que acontece é isto: não há quem o convença de que não é uma menina. Ele quer tirar fora o "pinto".

Quando um menino diz pertencer ao sexo oposto, contrário do que realmente é, quer dizer, quando possui uma biologia de menino e se mostra convencido de que é uma menina, ou o contrário, significa que tem um problema de identidade. Apesar de que, nesses casos, também costumem preferir brincar com pessoas do sexo oposto e se vestir como elas. Isso, no entanto, não é suficiente para definir um problema de identidade na infância. Isso ocorre quando a criança diz estar convencida de pertencer ao sexo oposto ao que realmente tem. Se essa convicção se mantém durante alguns meses, não tendo sua origem em perturbações psiquiátricas, estamos diante de um problema de identidade.

O perigo está no machismo: as pessoas machistas tendem a ser discriminatórias e violentas com a mulher e com os homossexuais

As pessoas machistas não podem desfrutar de relações íntimas e prazerosas em igualdade de tolerância, de estima, de amor e de valorização de outra pessoa

Portanto, e isso é muito importante, se isso não ocorre, ou seja, se somente tem preferências por brincadeiras do outro sexo e por brincar com as crianças do outro sexo, não é um problema. O problema ocorre somente quando forma um juízo equivocado acerca de sua identidade de menino ou de menina e o mantém.

Nesse caso, deve-se consultar um especialista; enquanto isso, pais e educadores *não devem*:

- Castigar a criança por esse motivo, já que é um problema que não depende da vontade dela. Não é um capricho, é um problema.
- Recompensá-la de uma ou de outra forma (por exemplo, dedicando demasiada atenção ou fazendo brincadeiras sobre o tema) por condutas contrárias a seu sexo ou característica.

Pelo contrário, o que pais e educadores *devem* fazer com a criança:

- Classificá-la corretamente, mostrando sua verdadeira identidade: "você é um menino ou é uma menina".
- Dizer que ele ou ela está agindo muito bem.

Um menino ou uma menina tem problemas de identidade sexual somente quando faz um juízo equivocado sobre sua identidade de menino ou de menina e o mantém

- Repetir que ele ou ela poderá viver muito bem conforme sua identidade.
- Confirmar qualquer manifestação que se corresponda a seu sexo: "se você tem um pênis é porque é um menino".
- Ajudá-la a suportar as brincadeiras, insultos e agressões que venha a sofrer devido ao problema de identidade.

Quando chegar a adolescência, os meninos e as meninas já terão adquirido os elementos essenciais da identidade. Nesse período, consolida-se e se enriquece essa identidade, não somente por meio das novas capacidades intelectuais, mas também porque sentem que pertencem a um grupo de iguais (meninos ou meninas, primeiro em separado, e meninos e meninas, juntos depois), que reforça sua identidade sexual de jovem frente à família e aos adultos.

As mudanças em relação ao desejo sexual, que veremos mais adiante, levam as crianças a formar grupos mistos, de meninas e meninos, o que ocorre somente depois de um longo período, devido à escola de ensino fundamental e ao início da puberdade, onde se encontram melhor em grupos separados por sexos.

Embora a regulação social, por meio das características de gênero, continue tendo muita importância, os adolescentes – especialmente à medida que crescem – têm mais capacidade de analisar criticamente essas características e descobrir seus aspectos discriminatórios. Por isso, deve-se aproveitar a adolescência para adquirir características de gênero igualitárias.

Reforçar as duas identidades, de homem e de mulher, como um fato de diversidade que nos enriquece, de maneira que meninos e meninas estejam satisfeitos com sua identidade, deve caminhar juntamente com a análise da importância social das características de gênero, a crítica de toda a forma de discriminação por sexo e o reconhecimento do direito a se expressar como cada um considerar mais conveniente.

O maior problema que pode surgir na adolescência ou juventude é o da transexualidade: o convencimento de que se tem a identidade que não corresponde ao seu corpo. Esses casos são pouco frequentes, no entanto, deve-se imediatamente solicitar ajuda de profissionais.

> Frederico tem 15 anos. Desde os 12 se sente mulher e está convencido de que é uma mulher. Sente que todo seu corpo é um erro. Quer mudar seus órgãos sexuais pelos de uma mulher. Também toma hormônios para que seus mamilos cresçam, e que sua barba desapareça, etc. Ele gosta de se vestir como mulher e de se enfeitar como tal. Está sempre acompanhado de meninas, entende-se melhor com elas. Quer se operar o quanto antes.
>
> Ele esteve muito mal, mas agora sabe mais a respeito dessas coisas, um psicólogo o ajudou. Além disso, é muito inteligente e capaz. Vai bem nos estudos e se dá bem com a família. Depois da ajuda que recebeu, encontra-se muito melhor.

O maior problema que pode surgir na adolescência ou juventude é o da transexualidade

Esse problema pode ter surgido já na infância ou ter aparecido pela primeira vez na adolescência. Frequentemente, os adolescentes passam por um período no qual negam a importância das manifestações desse problema, ou se sentem muito confusos. É muito frequente que se sintam sós e incomodados com jovens do mesmo sexo, os quais podem parecer para eles atraentes sexualmente. Também é habitual que rejeitem a ideia de ser homossexuais ou lésbicas, posto que se sentem com outra identidade, embora possam recorrer aos homossexuais para conseguir ter relações sexuais, já que são pessoas que, de acordo com o ponto de vista de sua identidade de transexual, são do outro sexo.

Normalmente se sentem mais confortáveis com pessoas do outro sexo, admirando e imitando suas características. É frequente que, durante um tempo, o qual varia de acordo com cada pessoa, escondam seus sentimentos e "sua verdade" dos demais.

Se a tomada de consciência é anterior ou concomitante às mudanças da puberdade, a angústia e a rejeição dessas mudanças é muito intensa.

Quando chegam a conclusão – com ou sem ajuda – de que devem resolver seu problema de identidade com intervenção cirúrgica, costumam se sentir impacientes e muito decididos, sejam quais forem as dificuldades.

Todo esse processo pode ser acompanhado de outros problemas como ansiedade, depressão, ideias de suicídio, fuga de casa e fracasso escolar, especialmente se não são ajudados e compreendidos. A intervenção, nesse caso, deve ser no sentido de ajudar o adolescente a melhor identificar sua identidade, dando a eles força até que atinjam a maioridade. As áreas nas quais mais necessita de ajuda são o controle da ansiedade e os problemas anteriormente descritos, bem como suas relações com os pais e com os amigos. Os pais devem aceitar seu filho ou sua filha como uma pessoa, independentemente de sua identidade, aceitando até – se confirmada – a transexualidade, com mudança de identidade social e familiar. Durante a adolescência, a ajuda à família é tão importante quanto a que se está dando ao adolescente.

Os jogos sexuais, um direito das crianças

Brincar é uma das coisas que os seres humanos mais gostam. No entanto, nesse caso, a brincadeira tem muito mais funções: divertir-se, obviamente, aprender, experimentar, comparar capacidades, adaptar-se aos demais, etc. Os seres humanos são grandes imitadores e inventores de brincadeiras. Fazem isso com todos os assuntos humanos, não poderia deixar de ser diferente com a sexualidade.

As condutas sexuais que as crianças têm oportunidade de ver ou de ouvir são numerosas, especialmente por meio dos animais, da família, do ambiente e dos meios de comunicação. As crianças reproduzem frequentemente algumas dessas condutas nas brincadeiras e nas primeiras experiências sexuais. Por meio de brincadeiras podem se tocar, explorar o corpo dos demais, reproduzir comportamentos dos adultos, divertir-se, aprender a se relacionar.

O QUE OS PAIS TÊM DE FAZER

- Aceitar incondicionalmente seu filho ou sua filha que pode ser ou acabar sendo transexual.
- Saber que é um problema, não um capricho.
- Buscar ajuda de um profissional e seguir os conselhos dele.
- Aguardar a evolução do problema.
- Ajudar seu filho ou sua filha ao longo de todo o processo, inclusive na intervenção cirúrgica, se for o caso.

Pais e educadores afirmam ter observado brincadeiras de conteúdo sexual em aproximadamente 80% das crianças. Embora essas brincadeiras sejam muito diversas, desde jogos de imitação (médicos, namorados, pais, por exemplo) ou descoberta do corpo do outro, até tentativas de penetração sexual. Podem executar essas brincadeiras com pessoas do sexo oposto ou do próprio sexo.

A maior parte dessas brincadeiras é de imitação, embora as crianças também estejam motivadas pela curiosidade e, em alguns casos, inclusive, seja uma forma de obter contatos sexuais que lhes deem prazer. Por exemplo, brincadeiras que impliquem chocar os corpos, reconhecer-se com os olhos fechados por meio do toque no corpo do outro ou deslizar sobre uma grade.

As brincadeiras sexuais entre crianças de idade similar, participando elas voluntariamente, são, em geral, saudáveis e uma forma de aprender a se relacionar. E elas contribuem, também, para o bom desenvolvimento da sexualidade. Mesmo que sejam entre meninos e meninas do mesmo sexo.

Geralmente, o melhor é não dedicar demasiada atenção às brincadeiras sexuais das crianças e ser benevolentes; os adultos somente têm motivos para intervenção se:

- Há uma clara diferença de idade ou nível de desenvolvimento entre as crianças que brincam, de forma que uma criança possa manipular a outra ou envolvê-la em situações que não são próprias dos mais novos.
- Algumas crianças impõem essas brincadeiras a outras que não querem participar. Nesse caso, deve-se ter bem claro que o "não" de um menino ou de uma menina que não quer participar em uma dessas brincadeiras deve ser sempre respeitado.
- As brincadeiras forem acompanhadas de uma obsessão contínua com a sexualidade, a qual se transfere de uns para outros. Essa obsessão pode se expressar nas próprias brincadeiras como também na linguagem.
- As crianças imitarem os comportamentos sexuais próprios dos adultos (sexo oral, por exemplo), os quais devem ter aprendido em pornografia ou em situação de abuso.
- Implicar perigo de dano físico (por exemplo, introdução de objetos na vagina).
- O conteúdo é sexista ou agressivo (por exemplo, imitar um estupro).
- As brincadeiras forem acompanhadas de um vocabulário que surpreende por ser típico de adultos, vulgar, agressivo, sexista.

A intervenção educativa deve deixar sempre claro que se reconhece e aceita a sexualidade infantil, com exceção dos casos indicados. Em geral, os adultos devem se limitar a ser benevolentes, não prestando demasiada atenção às brincadeiras de conteúdo sexual das crianças, com exceção, é claro, dos casos antes apontados, nos quais se deve intervir a fim de evitar as situações de grande diferença de idade, o abuso e as aprendizagens inadequadas.

Um dos problemas que devemos tentar evitar é que as crianças, especialmente os pré-adolescentes, tenham acesso à sexualidade dos adultos por meio de pornografia, filme, etc., porque corremos o risco de os deixar sem infância, por meio de uma invasão comercial de produtos de conteúdo sexual, nos quais as crianças podem encontrar modelos. O mesmo ocorre com a sexualidade adulta, explícita em diversos programas de TV. Um dos problemas atuais é a comercialização da sexualidade, tornando público o que deveria ser feito em particular. A sociedade, os políticos e as empresas de comunicação social deveriam enfocar seriamente os limites na comercialização da sexualidade. Há algum tempo, um menino de 8 anos propôs a uma menina na escola brincar de "estupro", comportamento que havia visto na noite anterior na TV.

As brincadeiras sexuais entre crianças de idade similar, com participação voluntária, são, em geral, saudáveis e uma forma de aprender a se relacionar

Deveria-se evitar que as crianças, especialmente os pré-adolescentes, tivessem acesso ao conhecimento sexual por meio de pornografia, filmes

As brincadeiras sexuais dos adolescentes costumam estar muito próximas dos comportamentos sexuais propriamente ditos. Ou seja, buscam mais conteúdos de sexo explícito – conhecer, divertir-se, obter prazer, etc. – que imitam o comportamento dos demais. Os adolescentes, sobretudo, imitam uns aos outros, moldando seu comportamento por meio do comportamento dos demais, o que ocorre, obviamente, no campo sexual. Eles frequentemente buscam brincadeiras de exploração (reconhecer-se pelo tato, procurar uma prenda) ou de ocultamento (para se afastar dos demais). Entretanto, as brincadeiras sexuais dos adolescentes se valorizam mais como comportamentos sexuais que como meros jogos de conteúdo sexual. O interesse sexual explícito, a sedução e a excitação estão muito presentes nas brincadeiras dos adolescentes com conteúdo sexual.

As brincadeiras entre meninos e meninas ou adolescentes do mesmo sexo não têm contra-indicações especiais, considerando-se os critérios anteriores. Brincar ou apresentar comportamentos sexuais com uma pessoa do mesmo sexo durante a infância não significa que, quando maior, a criança se torne um homossexual ou heterossexual. Existem heterossexuais adultos que brincaram ou tiveram comportamentos de conteúdo sexual com pessoas de seu sexo e existem, também, homossexuais que brincaram e tiveram comportamentos sexuais com pessoas do outro sexo. Não há motivo para temer alguma coisa. Sobretudo se, como já apontamos várias vezes, aceitamos a homossexualidade.

Masturbação, uma conduta frequente

Masturbar-se ou não, não determina a vida sexual futura, nem a saúde emocional ou física de alguém.

Brincar ou ter comportamentos sexuais com pessoas do mesmo sexo ou do outro sexo não determina a orientação do desejo

A partir do ponto de vista fisiológico, desde o nascimento se pode ativar a fisiologia do prazer sexual como resposta a estímulos internos ou externos (por exemplo, na hora do banho): o pênis pode ficar ereto e os genitais da mulher inchados, com ereção do clitóris. Um número grande de meninos e meninas descobre esse prazer e a maneira de o provocar aprendendo o hábito da masturbação (não há estatísticas certas, mas antes da puberdade atinge cerca de 30 a 35%; o percentual é mais baixo antes dos 6 anos, mas é frequente tanto em meninos quanto em meninas). Os meninos se masturbam mais com as mãos ou com certos movimentos das pernas. Enquanto as meninas usam objetos. O comportamento masturbatório pode iniciar mesmo antes do primeiro ano de vida.

A respeito da masturbação, convém ter alguns critérios de atuação:

Fique tranquilo em relação à masturbação de seu filho ou filha, se esta cumpre os princípio indicados

- A excitação sexual e a masturbação são comportamentos naturais que podem ou não ocorrer em meninos ou meninas. Não há motivo para pânico, masturbando-se ou não. Em ambos os casos, eles podem desenvolver-se bem.
- À medida que crescem, a partir dos 3 ou 4 anos, deve-se ensinar para as crianças que devem se masturbar em ambiente privado, não em público. A mensagem deve ser dupla: "vejo que você gosta, está bem, pode fazer, mas não na aula. É como o fato de estar pelado: ficamos assim somente quando estamos sozinhos, etc.".
- É importante que as crianças aprendam a controlar seu desejo de se masturbar, se não for o lugar ou o momento adequado. O objetivo é que sejam donos desse desejo e desse comportamento, praticando no momento e no espaço adequados.
- Devem se masturbar com higiene e sem se machucar, evitando objetos perigosos.

- Se a masturbação acontece repetidas vezes, todos os dias, não ocorrendo o saciamento, é uma resposta a situações de ansiedade, etc. Deve-se consultar pediatras (sanar infecções, coceiras, etc.) ou psicólogos.

O fato de um menino ou uma menina se masturbar ou não, depende de muitos fatores. O importante é que se as crianças fazem, ou não, sua saúde não está ameaçada.

Deixemos as crianças com sua própria história, intervindo somente se os critérios indicados não ocorrerem.

A história da masturbação na pré-adolescência não parece ter alguma relação com a orientação do desejo. Existem homossexuais e bissexuais que se masturbaram e outros que não. Se é lógico que, chegada a puberdade e adolescência, os homossexuais podem chegar a se masturbar mais, isso se deve simplesmente ao fato deles terem mais dificuldades de se relacionar com outros homossexuais ou lésbicas.

A socialização aberta: tipos de família e heterossexuais, homossexuais e bissexuais

Não promova a masturbação, tampouco a condene

Além de tudo o que já foi dito até agora, aconselhamos uma série de ações educativas concretas que deveriam encontrar reflexo na escola e na sociedade. Enquanto essas ações não se generalizam na educação sexual escolar, resultando em um adequado tratamento social da homossexualidade, elas são ainda mais necessárias na família, para que os filhos e as filhas homossexuais não sofram.

Saber que existem muitos tipos de família

Quando se fala das famílias, em casa e na escola, deve-se deixar claro, desde a educação infantil, que existem diversos tipos de família. O menor núcleo familiar é formado por um adulto que cuida de um menino ou menina e a própria criança cuidada.

No entanto, se a família é tão reduzida – primeiro conselho –, é muito importante que o adulto que cuida de uma criança se apoie no restante de seus familiares, nos amigos e na comunidade à qual pertence, para que estes o ajudem a cuidar de seu filho. Esse adulto pode ser uma mãe ou um pai solteiro, uma viúva, um viúvo, um homem ou uma mulher divorciados.

Não basta cuidar bem de seu filho ou de sua filha, existem mais dificuldades e riscos. Por isso, aconselhamos que busque apoio. Certamente, esse adulto pode ser homossexual ou heterossexual, fato que já vem ocorrendo em muitos casos.

As crianças devem saber que existem filhos com um homem e filhos com uma mulher e que isso é uma família que merece aceitação, respeito e apoio.

A família pode ser formada por casais de fato ou por meio de matrimônios, sejam eles civis ou religiosos, tanto entre homossexuais quanto heterossexuais.

Os meninos e as meninas devem aprender que não existem somente famílias formadas por dois pais heterossexuais e que estas são a maioria, mas que existem também outras famílias, novas e legais em alguns países, como na Espanha, sendo essas famílias formadas por duas mulheres ou dois homens que também podem ter filhos.*

Como o ensino sobre a família se dá na educação infantil, em todas as escolas, esse tema deveria entrar em pauta, muito embora talvez seja a primeira vez que essas crianças ouvirão falar sobre homossexualidade. Deve-se deixar bem claro que os homossexuais são iguais e que podem cuidar eficientemente dos filhos.

Deve-se aproveitar essa ocasião, que se repetirá na educação sexual do ensino fundamental e médio, para falar da existência de homossexuais, os quais também podem ser bons pais, bons amigos e, como todos os demais, boas pessoas.

O menor núcleo familiar é formado por um adulto que cuida de um menino ou menina e a própria criança cuidada

Se a escola e a família agirem assim, as coisas certamente serão muito melhores.

Responder a todas as perguntas sexuais dos filhos e das filhas

Deve-se responder também às perguntas que se façam sobre a homossexualidade e sobre as famílias homossexuais. Não se trata de centrar a educação sexual sobre esse tema, mas sim de não escondê-lo, tratando com normalidade em um contexto muito mais amplo. Que saibam que os homossexuais são uma minoria, no entanto iguais, que devem ser bem-aceitos.

A curiosidade dos meninos e meninas é infinita, é uma grande oportunidade para os informar bem, dando uma visão positiva da vida, dos afetos, das relações, dos diferentes tipos de família e das diferentes orientações do desejo.

*N. de R.T. Para informações sobre famílias homoparentais no Brasil, consulte documentos, artigos e publicações disponíveis em www.clam.org.br

Eu serei homossexual ou heterossexual quando crescer?

Essa é uma pergunta que os filhos podem se fazer, quando se fala com naturalidade sobre o tema.

Eles podem formular essa pergunta de muitas maneiras. Deve-se responder com naturalidade e sinceridade a partir de tudo o que antes pontuamos, de acordo com a idade. No entanto, a essência da resposta é esta:

> Você não deve se preocupar agora se vai gostar de meninos ou de meninas quando crescer. Além disso, não sabemos por que alguns gostam de uns ou de outros. O importante é saber que se relacionar com as pessoas pode ser bom: quando você for maior terá amigos e amor.

Meu filho é especial

É necessário ser tolerante com qualquer manifestação dos filhos que ponham em questão as características de gênero: trejeitos, se os tiver, preferência por brincar com as crianças do próprio sexo.

Todavia, se essas manifestações são muito claras e repetidas deve-se consultar um profissional para saber se é caso ou não de um problema de identidade, como anteriormente vimos, e falar com os professores do colégio para se assegurar de que as crianças não sejam expostas ao ridículo ou perseguidas.

Também deve-se intervir com os amigos e amigas para saber se seu filho ou filha homossexual está sendo bem aceito e, se necessário for, alterar a situação de rejeição. Pode-se propor esse tema abertamente aos professores e inclusive a alguns pais dos amigos de nossos filhos.

Existem muitas crianças e pais que são cruéis, por ignorância, mas sem demasiada maldade.

Os filhos homossexuais têm o direito de serem bem-aceitos e, atualmente, é possível conseguir isso na maior parte dos casos.

Antes da puberdade

Antes de chegar à puberdade, deve-se falar das orientações do desejo existentes na família e na escola em educação sexual. Temos que conseguir que nenhum menino ou menina seja pego de surpresa dramaticamente devido à sua homossexualidade ou bissexualidade, sem saber que se trata de uma orientação saudável, apesar de ser minoritária.

Existem inúmeras ocasiões para que se faça isso. Seguramente houve diversas oportunidades para falar se considerarmos os conselhos anteriores; no entanto, em todo o caso, antes da puberdade, deve-se tratar expressamente esse tema.

O que mais faz sofrer uma pessoa homossexual é a ignorância a respeito dessa orientação e que seja pega de surpresa sem saber que ela existe e que pode ser saudável. Melhor se o tema é tratado pela família e pela escola: de forma aberta e mais espontânea na família, e de forma sistemática na escola, no contexto da educação sexual.

Antes da puberdade deve-se falar com os meninos e as meninas acerca das orientações do desejo existentes

O fato de ao longo do desenvolvimento da criança se falar abertamente a respeito desse tema várias vezes é normal e, se fazemos bem, não deve gerar preocupações e obsessões. O melhor é falar muito e bem de outros temas de educação sexual e, neste contexto, incluir o tema em questão.

Quando a homossexualidade do filho, ou o lesbianismo da filha ou a bissexualidade parece se confirmar

Durante a adolescência deve-se ajudar os jovens a superar todas as fases típicas pelas quais passam os homossexuais, precisamente por se tratar de uma minoria não aceita por todo mundo. Chegará um dia em que o que dizemos neste livro será desnecessário. Todavia, hoje é necessário. Os pais e a escola devem ajudar esses jovens a passar por esse processo, a sofrer o menos possível e, finalmente, a se sentirem aceitos, autossatisfeitos, contentes de serem como são, nem melhores, nem piores, mas diferentes.

Para ajudá-los, descreveremos brevemente as fases pelas quais costumam passar e o que os pais podem fazer (conjuntamente, a escola, os professores e a comunidade deveriam fazer algo semelhante):

Primeira fase: confusão

A pessoa se sente diferente, confusa, surpreende-se consigo mesma (exceto se teve comportamentos claros antes da puberdade), não crê em sua situação, se pergunta se é verdade.

Pode começar de muitas formas: nas fantasias, com certas experiências sexuais ou com a paixão por uma pessoa do mesmo sexo.

> Fiquei completamente surpresa, não podia acreditar. Sou menina e me apaixonei pela professora de inglês. Era uma mulher muito bonita. Eu falava para mim mesma: não pode ser verdade. Estava confusa e perdida, também muito assustada. (Joaquina)

Se os filhos possuem a confiança dos pais, talvez comentem alguma coisa, no entanto é mais comum que fiquem calados. Quando se calam, sentem-se esquisitos, assustam-se.

Se os pais ficam sabendo por outros meios, é o momento de aceitar incondicionalmente seu filho ou sua filha e apoiar qualquer desenvolvimento da orientação do desejo.

A prioridade não é saber se é ou não homossexual, mas sim deixar claro que será amado e aceito em qualquer caso:

> Bem, meu filho. Obrigado por confiar em nós, compartilhando suas dúvidas. Quero que saiba que o aceitamos como você é. Independentemente da orientação que sente ter, vamos estar com você em todos os momentos. Todas as formas da vida serão bonitas, dando a você muitas oportunidades de viver e de amar. Não tenha pressa em se autodefinir. Deixe que a vida e seus sentimentos mais autênticos esclareçam o seu caminho. Estamos com você.

Segunda fase: tomada de consciência

O menino ou a menina toma consciência de que é homossexual ou bissexual através de suas fantasias reiteradas, seu comportamento, seus sentimentos, seus desejos, etc.

Depois da confusão e incredulidade, vem a confirmação e a impossibilidade de negar. Pode ser uma etapa muito difícil, na qual diversas pessoas se sentem perdidas e sozinhas, especialmente se elas mesmas participam da rejeição social contra a homossexualidade, se são homofóbicas, ou vivem em famílias ou ambientes nos quais acreditam que não serão aceitas.

Depois da confusão e incredulidade, vem a confirmação e a impossibilidade de negar

> Vivi alguns meses de incredulidade e confusão com minha paixão pela professora. Comecei a duvidar... Mas tudo pareceu se confirmar quando me apaixonei por uma amiga, de maneira mais forte e louca que pela professora. Pensava somente nela. Tinha desejo de beijá-la, abraçá-la... me masturbava pensando nela. Estava muito assustada. Não podia mais negar. Já não podia esperar que não fosse verdade. Um menino se interessou por mim durante esse momento, mas nada me interessava. Que vou fazer agora? Perguntava-me. Sentia-me algumas vezes bem e outras mal. Estava assustada com a ideia de que minha amiga percebesse. Como iria reagir? E meus pais? Sabia que seria um trauma para eles. Foi o pior período de minha vida. A amiga por quem estava apaixonada começou a sair com um menino, disse-me que estava muito bem. Achei que iria morrer. Inclusive pensei em me afastar de tudo e de todos.

> Fiquei quase louca. Cancelei um montão de matérias; tiveram de me levar a um psicólogo. (Joaquina)

É um momento fundamental para a intervenção dos pais (aconselhamos os adolescentes homossexuais a falar com seus pais, porque, quase sempre, os surpreenderão, fazendo com que aceitem melhor do que os próprios adolescentes pensavam).

Quem dera os pais pudessem ficar sabendo antes ou neste momento! Os pais devem dar todo o tipo de segurança e apoio para os filhos dizendo coisas como estas:

> Aceitamos e compreendemos você. Sabemos pelo que você está passando.
>
> Estamos ao seu lado e não iremos falhar com você. Pode contar conosco. Se cometemos algum erro, comente conosco. Ser homossexual é pertencer a uma minoria, mas é ser diferente sendo igual. Para nós, se você é assim, é igual a seus irmãos e irmãs. Tudo ficará bem.

Se o filho ou a filha tiver dificuldades, sofrimentos que considere excessivos, este é o momento para dar todo o apoio e, se necessário, ir com ele ou com ela a um profissional que dê informações, o (a) tranquilize e anime.

Terceira fase: reconhecimento

É quando não somente se tem consciência, mas também se dá um passo a mais reconhecendo diante de si mesmo a homossexualidade: sou homossexual, está claro. É o primeiro passo para a verdadeira aceitação.

> Tive sorte com o psicólogo. Não havia dito para ninguém. Para ele, tampouco. Somente fui contar após a terceira sessão. No entanto, ele reagiu muito bem. Disse para eu ser valente e reconhecer o que eu era. Pedi que ele não dissesse nada para meus pais; ele me disse que não contaria nada até que eu mesma o fizesse ou desse permissão a ele. Depois de várias consultas, decidimos que eu falaria com meus pais. Ele me mostrou como eu poderia falar. Tudo correu extremamente bem, especialmente com minha mãe. Assim foi como comecei a caminhar: o início de um caminho. (Joaquina)

Algumas vezes, os homossexuais, se bem informados, fazem esse caminho por si mesmos. Outras vezes, somente após receberem ajuda de outro homossexual. É triste que, em muitos casos, os pais tomem conhecimento muito depois, que sejam os últimos ou quase os últimos a saber.

Quando chega essa confirmação, quando se torna um fato inquestionável, é o momento no qual os pais não devem cometer os seguintes erros:

- Levantar dúvidas a respeito.
- Buscar diagnósticos profissionais que suscitem dúvidas.
- Insistir que ainda não seja seguro assumir a homossexualidade.
- Dizer de uma ou de outra forma que não está contente.

Muitos são os pais que tomam conhecimento do processo somente quando já se encontra nesse ponto. Outros, bastante tempo depois. Se é assim, é extremamente importante não pedir para o filho ou para a filha que retorne ao ponto de origem, que fique em dúvida. Deve-se tomar o assunto como fato. Aceitar um filho homossexual é aceitar tudo o que isso supõe, aceitando que tem outras preferências, outros gostos, outras amizades, outros companheiros.

Quarta fase: aceitação da homossexualidade

A pessoa não somente sabe que é assim, como também aceita totalmente o fato de ser homossexual. "Sou homossexual e me aceito como tal".

> Tudo foi muito mais fácil desde então. O psicólogo me ajudou muito. Meus pais ficaram muito tristes. Minha mãe chorou muitíssimo, mas, em seguida, reagiu bem. Meu pai ficou muito triste e não disse nada, demorou mais tempo para se recuperar. Mas não foi tão ruim como eu pensava, e descobri que meus pais me amavam, apesar do meu lesbianismo. Estavam preocupados e assustados, mas me amavam. O psicólogo os ajudou muito também. Foi bom para meu irmão, meu único irmão, que reagiu bem e ajudou meus pais. Eu aceitei meu lesbianismo. Já sabia que viveria sendo lésbica, embora não tivesse namorada naquele momento. (Joaquina)

O que os pais fizeram antes, nas outras fases, contribuirá muito para que seus filhos cheguem à quarta fase.

Se alguns filhos se negam a terminar esse processo, se não aceitam sua homossexualidade, sentindo-se ainda muito perturbados ou, inclusive, apresentando problemas psicológicos, devem ser orientados a buscar ajuda. E os próprios pais devem ajudá-los a se aceitarem como são.

Seria melhor que os filhos tivessem confiança nos pais e pudessem contar com seu apoio ao longo de todo o processo. Se assim não ocorreu e se cometeram erros, é o momento da compreensão, da empatia, do perdão e do apoio mútuo.

Quinta fase: expressão social

Os homossexuais aceitam o que isso significa socialmente e são capazes de "sair do armário"; seria melhor se eles não tivessem entrado nele, se tivessem vivido com naturalidade sua homossexualidade em família, no trabalho, nas relações sociais.

Essa última etapa pode ou não ocorrer. As pessoas têm o direito de declarar ou ocultar sua orientação do desejo. Triste é se, fato que acontece frequentemente, silenciam por temor da rejeição ou por outros motivos negativos. Se os homossexuais calam-se socialmente, como exercício de um direito, não temos nada a dizer.

Os homossexuais que "saem do armário" e reconhecem publicamente sua homossexualidade exercem um grande serviço para essa minoria, já que essa conduta pode ser uma forma de superação dos medos e limitações; no entanto, deve-se conceder o direito ao silencio àqueles que assim o desejam.

Na realidade, o fato de a luta social ser conveniente e necessária, com declaração pública e, às vezes, beligerante, da homossexualidade (o "sair do armário"), mostra claramente que a sociedade não aceitou bem essas pessoas; além disso, significa que continua sendo necessário que a homossexualidade seja visível e que os homossexuais (e os heterossexuais também podem ajudar) lutem pelos seus direitos.

> Depois disso, quando já havia entrado na universidade, conheci um grupo de homossexuais. Comecei a fazer parte dessa associação. Lutei muito por nossos direitos. Não me importava de ir às manifestações, levar pancada ou dar uma palestra sobre homossexualidade. E eu tive a sorte de encontrar uma namorada maravilhosa. (Joaquina)

Nem todo mundo passa por essa fase de maneira tão militante. Associar-se e militar pode ser de grande ajuda tanto para essas pessoas quanto para as demais; mas, não necessariamente. Outros homossexuais preferem organizar a vida no âmbito privado, quer dizer, suas vidas particulares, sem lutas especiais.

Os pais devem saber que a normalização mais importante, a partir do ponto de vista emocional, é a que deve ter lugar dentro da família: sendo igual aos outros e sendo, ao mesmo tempo, homossexuais. De maneira que sejam iguais aos demais filhos, simplesmente porque realmente são.

As pessoas têm o direito de declarar ou ocultar sua orientação do desejo

A revelação para a família: como contar?

A revelação para a família, portanto, pode ocorrer em qualquer momento ao longo desse processo, e acontece de diferentes formas.

Em primeiro lugar, o ideal é que esse tema deveria ser abordado antes da puberdade, na educação familiar e escolar, de maneira que, quando chegasse a hora, mesmo sendo algo inesperado, fosse uma surpresa que se encaixasse no que já se havia falado (que existe uma minoria de pessoas homossexuais, etc.). Isso ajudaria na tomada de consciência, no reconhecimento e na aceitação; também facilitaria a revelação aos pais.

Em segundo lugar, se esse tema não foi comentado antes da puberdade, o melhor é que pais e filhos tenham tal nível de confiança que os filhos possam recorrer aos pais no início do processo e durante o período de confusão.

Se não ocorrer assim, também não é demasiado tarde, de forma que sempre será possível restabelecer a confiança e o apoio.

No que se refere ao modo de contar, as possibilidades são infinitas, e muito pessoais:

- Alguns fazem diretamente, de maneira clara e contundente. "Falei abertamente, sem covardia e sem rodeios. Eles ficaram apavorados, mas a partir de então, não puderam negar".
- Outros ensaiam uma ou outra forma de dizer sem conseguirem ser entendidos, talvez porque não façam claramente, talvez porque os pais não queiram ou possam entender. "Tentei várias vezes, mas não era capaz de falar com claridade. Eles pareciam que não queriam saber".
- Em alguns casos há suspeitas mútuas: "Acredito que suspeitem; fazem-se de desentendidos, mas sabem.".

Muitos começam contando para um amigo ou para uma amiga, antes mesmo que para os pais. Isso é o mais habitual. Não são poucos os que decidem não contar nunca para os pais.

Dos amigos, mais jovens, iguais e cúmplices, espera-se maior compreensão. Também, teme-se menos sua reação, até mesmo porque sempre se pode abandonar um amigo. Pode-se mudar de amigos, de pais, não.

Um número importante de filhos e de filhas decide não contar para os pais.

Não aconselhamos esse silêncio, no entanto ele deve ser compreendido. Os filhos devem saber que:

- Os pais costumam se sentir muito mal quando tomam conhecimento, podendo se sentir culpados ou angustiados.

- No entanto, a maioria dos pais termina reagindo bem: a reação das mães é melhor que a dos pais.
- Depois da revelação, pais e filhos se sentem muito melhor.
- Depois da revelação, filhos e filhas homossexuais melhoram emocionalmente.

Dentro da família é frequente escolher como confidente aquela pessoa que se considere ser mais compreensiva (um irmão ou irmã, primo ou prima, a mãe) Inclusive são muito comuns acordos de silêncio entre irmãos ou entre a mãe e o filho homossexual ("não conte nada para o pai, não contaremos para o pai"). Sobre esses acordos de silêncio, é melhor que não aconteçam, ou que sejam temporais. Somente em casos extremos (de pais muito homofóbicos ou machistas), nos quais as expectativas não são boas, podem ser compreensíveis.

O mais adequado é que se fale o quanto antes com os pais e que seja de forma aberta a fim de iniciar o processo de aceitação.

Nós damos algumas orientações, não obrigatórias, nem necessariamente melhores, de como a revelação pode ser feita. Todas elas se orientam em duas premissas:

- A maior parte dos pais acaba reagindo bem.
- É melhor para os filhos e as filhas homossexuais falar e, para os pais e a família, saber.

Essas orientações estão muito avalizadas pelas pesquisas científicas, mas, naturalmente, admitem exceções, de maneira que podemos entender, embora seja lamentável, que alguns filhos ou filhas optem por não contar nada para os pais.

A maior parte dos pais acaba reagindo bem

Até então, vínhamos adotando o ponto de vista dos pais; no entanto, agora, faremos orientações diretamente aos filhos e as filhas homossexuais:

Primeira Orientação: para quem contar?

Decida falar primeiro para uma pessoa da qual esteja quase certo de que irá reagir bem, sendo ou não da família.

Pode ser um amigo ou amiga (não necessariamente seu melhor amigo, mas sim o que acha que reagirá bem), um irmão ou algum outro familiar.

Se você está inseguro, também pode começar por um profissional que irá compreendê-lo e ajudá-lo em todo o processo.

Outra opção é começar por alguma outra pessoa homossexual, se a conhece e tem alguma confiança. Não sendo esse o caso, você poderá recorrer às associações de homossexuais existentes em sua cidade.

Busque apoio onde você estiver mais certo de que irá encontrar. Iniciar bem facilitará as coisas.

Se você estiver certo do apoio de seus pais! Nesse caso, comece por eles. Leve em consideração que podem ser as pessoas mais incondicionais.

Segunda Orientação: como contar?

Busque o lugar e o momento mais adequados. Quando você e a pessoa escolhida não estiverem com pressa, quando você estiver certo de que estejam sozinhos podendo, assim, conversar em particular. Não fale rápido, em qualquer lugar, no qual não possa seguir falando depois da revelação.

Pense que o que vai dizer não é algo ruim, nada de que deva se desculpar, mas sim algo importante para você, algo que tem relação com o que você é. Por isso, adote uma perspectiva positiva, fale bem de sua própria homossexualidade.

Seja enfático sobre o que disser para ele ou para ela, já que você espera ser apoiado. Por exemplo:

> Quero dizer a você uma coisa que é muito importante para mim. É a primeira pessoa a quem digo isto. Eu gosto muito de você, por isso o escolhi. Espero que você me compreenda e apoie. Confio muito em você, não me decepcione.

O que quero dizer é que sou homossexual.

Como contar? Busque o lugar e o momento adequados

Terceira Orientação: qual será sua reação, o que dirá?

Nunca podemos estar completamente certos das reações dos demais. Estas podem ser muito distintas.

- A pessoa pode aceitar e reagir muito bem. Atualmente, essa atitude já não é tão inesperada assim. Especialmente se é um profissional, uma pessoa bem-informada e não-homofóbica ou, o que é de se esperar, se for um homossexual.

– Pode ser que comece a questioná-lo com perguntas deste tipo:

- Você está certo disso?
- Como você sabe?
- Desde quando você sabe?
- Alguém mais sabe?
- Está certo de que não pode mudar?
- Você está namorando?
- Já transou com alguém?

- Pode ser que se constranja e que não saiba o que dizer, inclusive desejando que a situação acabe o quanto antes. Ou talvez possa acontecer que precise de um tempo para se acostumar à ideia e reagir.
- A reação pode ser negativa, de forma mais ou menos expressa. Nesse caso, aconselhamos que você seja paciente. Uma reação negativa inicial nem sempre se mantém. Se a pessoa não tratar você com desrespeito, você pode tentar dizer que compreende sua surpresa e sua inquietação, mas salientando que esperava apoio e compreensão.
- Como você escolheu a pessoa, esperamos que não tenha se confundido muito. Mas sempre existe a possibilidade de alguém dar uma resposta hostil e desrespeitosa. Você tem o direito a se despedir e declarar sua decepção. Será melhor se puder agir com educação.

Quarta Orientação: e a família?

Se você não escolheu um membro de sua família como a primeira pessoa para falar sobre sua homossexualidade, pode fazer isso depois, quando você se sentir seguro e apoiado por alguém. Já que sabe que algumas pessoas e profissionais apoiam e compreendem você.

Pode ser extremamente difícil, mas é fundamental que você fale com sua família:

- Comece por quem você tenha maior afinidade na família: uma irmã, um irmão ou a mãe. Essa pessoa poderá compreender, apoiar e dar ideias para o próximo passo.
  Inclusive pode haver um tempo entre esta primeira confissão familiar e a seguinte.
- No princípio, é bom que seja você quem comunique a cada um e, logo depois, para todos. Entretanto, em alguns casos, pode ser conveniente usar um irmão ou a mãe como um mediador, especialmente se você espera uma reação inicial extremamente negativa por parte de algum familiar.

Depois que um rapaz homossexual me contou como era sua família, concordamos que primeiro falaria com sua irmã. Tudo foi muito fácil e ela se tornou uma aliada.

Depois ele mesmo contou para sua mãe. Ela ficou muito triste, chorou durante alguns dias. Mas depois, reagiu muito bem. De fato, confiou seu filho a meus cuidados, já depois de ter chorado, e disse-me coisas tão bonitas como estas:

"É meu filho e não há mais o que falar, eu sou e serei sua mãe por toda a vida."

"Não quero que aconteça o que aconteceu comigo, que fui mãe solteira e tornaram a minha vida difícil, não admitirei isso."

"Ele sempre terá meu apoio."

Mas mãe e filho concordaram que a pior parte viria com seu pai: "Certamente irá gritar, nem sei se não o expulsará de casa; é muito bruto e fechado. Não é má pessoa, mas não se pode falar com ele de supetão. Ademais, não é seu filho biológico".

A partir dessa informação, pensamos nos prós e nos contras de várias estratégias:

a) Primeiro, sua mãe contaria para seu pai e, posteriormente, o filho, que estuda em outra cidade. Dessa forma, iria para casa e falaria com sua mãe e seu pai, os dois juntos.
b) O filho escreveria uma carta para seu pai, na qual criaria o contexto mais apropriado, revelando sua homossexualidade e dizendo que desejava falar com ele e obter sua aceitação e apoio.
c) Escolheria a opção "b", mas a carta seria entregue pela mãe, a qual diria para seu marido: "Seu filho precisa de você. Esteja a altura e não se deixe levar por más reações. Por favor, todos nós esperamos que seja um bom pai".

Nesse caso, a terceira opção foi adotada. Houve situações difíceis. Durante uma semana o pai se debateu entre maldições e dúvidas, mas também houve reconciliação e apoio finalmente.

Claro que pode haver situações especialmente difíceis. Uma das maiores é quando um pai ou uma mãe, que sejam casados heterossexualmente e tenham filhos oriundos dessa relação, tenha que explicar sua homossexualidade para a família:

- Sua mulher ou seu marido, de acordo com o caso.
- Para os filhos de ambos.
- Para o resto da família.

Vivemos em uma sociedade heterossexual; assim, carregamos a informação de que a orientação do desejo não muda, que os homossexuais não se casam e não têm filhos. Tudo isso, então, torna-se inesperado, quer dizer, o fato de que um dos pais se confesse homossexual. De fato, é comum que essas pessoas jamais contem alguma coisa.

Todavia, por mais surpreendente que seja, o melhor, se essa é a realidade, é contar e enfrentar a situação.

Novamente aconselhamos a busca de aliados, primeiro externos à própria família, os quais possam dar credibilidade, aceitação e apoio para o homossexual. Posteriormente, pode ser inteligente começar por algum familiar que se acredita que seja mais compreensivo, e assim sucessivamente.

É muito difícil para um pai ou uma mãe, casados heterossexualmente e com filhos oriundos dessa relação, terem de explicar sua homossexualidade para a família

O mais importante é que nem os pais nem os filhos homossexuais devem se envergonhar, mas sim reconhecer e aceitar sua verdadeira orientação do desejo. Trata-se de uma situação rara; no entanto, real. As pessoas podem ter vivido na confusão ou na rejeição de sua homossexualidade, até que seja impossível seguir negando sua sexualidade por um ou outro motivo. Não se deve criticar essas pessoas, mas aceitar e apoiar, embora obviamente continuem sendo pais e mães responsáveis: não se perde a paternidade ou a maternidade por ser homossexual.

Como desconhecemos a origem da orientação do desejo e se discute ainda se é possível que apareça sem nenhum antecedente na vida adulta, não devemos descartar causas desconhecidas e imprevisíveis, por mais que saibamos que estas sejam raras.

Na prática, essas mudanças vêm acompanhadas, com alguma frequência, de paixões e de encontros com pessoas do mesmo sexo, as quais auxiliam no entendimento da orientação do desejo; ou também de mudanças de mentalidade, ou até mesmo das mesmas mudanças sociais que tornam menos traumáticas essas decisões.

Perder o medo das diferentes orientações sexuais é o melhor remédio contra a resistência a estes fatos.

IDEIAS RELEVANTES:

- **As mudanças de orientação do desejo na vida adulta, sem antecedentes prévios claros, são muito pouco frequentes, mas podem ocorrer.**
- **Saiba que não há nada a temer.**
- **Os filhos homossexuais de pais heterossexuais devem ser aceitos, amados, estimados e apoiados.**
- **Os pais homossexuais com filhos devem ser aceitos, amados, estimados e apoiados.**
- **Não se perde nem a paternidade nem a maternidade por ser homossexual.**

5 Meu filho ou minha filha homossexual está namorando ou irá se casar

PERGUNTAMOS:

- A aceitação de meu filho ou minha filha homossexual deve me levar a aceitar também que namore e se case?
- Se alguns pais querem apoiar seus filhos homossexuais como podem fazê-lo no caso de quererem namorar?
- A família deve conceder o mesmo tratamento que dá para os casais heterossexuais aos casais homossexuais?

FALAREMOS SOBRE:

- As necessidades interpessoais que têm os filhos e as filhas homossexuais e seu direito de satisfazê-las.
- Os critérios e as condutas dos pais com seus filhos homossexuais quando eles namoram e/ou se casam.
- O conflito religioso que alguns pais podem apresentar entre suas crenças e o desejo de ajudar seus filhos.

Mesmo nos casos em que a família acaba aceitando os filhos e as filhas homossexuais – e que cada vez ocorrem com mais frequência – não é incomum que a aceitação tenha algumas limitações e que, enquanto casal, a família não dê o mesmo tratamento que dá para outros filhos com parceiros heterossexuais.

A sociedade, as leis e os pais não deveriam impor nenhuma dificuldade para os homossexuais a fim de solucionar suas necessidades interpessoais. Já deixamos claro que os homossexuais têm as mesmas necessidades emocionais e interpessoais que as demais pessoas. A única diferença é que algumas dessas necessidades, as emocionais e as sexuais, por exemplo, são compartilhadas e resolvidas com pessoas do mesmo sexo.

De que necessitam emocional e sexualmente os homossexuais?

E quais são essas necessidades emocionais e interpessoais? As que têm todas as pessoas desde a infância? Vamos a três fundamentais:

Primeira: a necessidade de vinculação a algum(ns) familiar(es) que os amem incondicionalmente

As relações de parentesco, como abertamente assevera a antropologia, são a base sobre a qual se assenta a vida pessoal e social. Os pais, ou quem exerce essa função, devem proteger, cuidar e amar seus filhos de maneira que esses aprendam por experiência própria, que são incondicionais. Todos nós temos a necessidade emocional de nos sentirmos seguros, valorizados e amados.

Isso é o que fazem as figuras de apego para os filhos – isto é, os pais –, oferecendo proteção e ajuda, estima e carinho de maneira incondicional. Se não temos essa relação e a possibilidade de estabelecer um vínculo estável, seguro, terno, carinhoso e acolhedor, sofrimentos oriundos da solidão aparecem: abandono, desproteção, desamparo, desvalorização, insegurança, etc.

Segunda: a necessidade de ter amigos e amigas com idade similar

Não bastam as boas relações familiares, necessitamos ter amigos com os quais nos divirtamos, identifiquemos, conheçamos, viajemos, façamos projetos coletivos, formemos associações, exploremos o mundo para além da família; com os quais brinquemos, tenhamos prévias relações afetivas e sexuais, etc. Se não resolvemos bem essa necessidade, sofremos de solidão social: sentimento de marginalização, exclusão de grupo, tédio, isolamento.

Os homossexuais e as lésbicas são exatamente iguais ao restante da população, satisfazendo a necessidade de ter amigos da mesma maneira. Pelo menos, assim deveria ser. No entanto, não é assim quando o grupo de iguais, os colegas de colégio, do bairro ou do trabalho são homofóbicos, não aceitando bem a homossexualidade e fazendo com que essas pessoas se sintam mal entre eles. É unicamente por esse motivo que se criam grupos especiais, às vezes muito fechados, de homossexuais, com espaços, lugares e atividades que escondem das demais pessoas. Esses espaços e essas associações podem ser necessários; no entanto, são unicamente porque a sociedade discrimina os homossexuais, fazendo que eles não se sintam bem entre heterossexuais.

Sonhamos com uma sociedade na qual seja possível a amizade e que os grupos de amigos não sejam formados devido à orientação do desejo.

Todos nós temos a necessidade de ter amigos e amigas com idade similar

No que se refere a esse tema, os pais agem bem se facilitam que, desde pequenos, estabeleçam-se relações de amizade, favorecendo o contato, as brincadeiras e a autonomia nas relações que seus filhos firmem com seus amigos e amigas.

Se isso não é possível de maneira normal porque os filhos sofrem rejeição por parecerem ou serem homossexuais, os pais devem entender o fato de seus filhos buscarem outros grupos, neste caso, específicos, onde sejam aceitos.

Terceira: necessidade de intimidade sexual e emocional com pessoas que sejam atraentes sexual e emocionalmente, que coincide com a própria orientação do desejo

É à terceira necessidade que dedicamos este capítulo.

Os homossexuais vivem e sentem essa necessidade da mesma forma, com a mesma intensidade e com idênticas manifestações: desejo por resolvê-la; atração por determinadas pessoas; paixão por algumas delas; busca por encontros sexuais, emocionais e amorosos; anseio de namorar, casar, comprometer-se, etc.

São iguais no que se refere à necessidade, no entanto diferentes no que diz respeito à maneira como resolvem tais necessidades: com pessoas do mesmo sexo. Se fossem bissexuais, poderiam resolver essas necessidades com pessoas de um ou de outro sexo.

Está claro e fácil de compreender: é isso o que os homossexuais querem e necessitam e, como é compatível com a saúde e com o bem-estar pessoal e social, não há uma só razão para impedi-los, tampouco para criar alguma dificuldade.

O que fazer com as leis que criam dificuldades aos homossexuais?

Tais leis deveriam ser eliminadas concedendo-se aos homossexuais os mesmos direitos e cobrando as mesmas obrigações, tal qual se faz com os heterossexuais.

CASOS:

1. Paula tem 23 anos, é lésbica. Sabe disso há muito tempo. Necessita, deseja, sente-se atraída e está muito motivada a ter uma namorada, a ter intimidade emocional e social e a compartilhar a vida com ela.
   Há alguns meses encontrou essa pessoa. Teve seu amor correspondido por ela, mas seus pais não a apoiam... Eles acham que uma coisa é ser lésbica, e outra é namorar, casar.
2. Os pais de Lucas, um homossexual que namora há tempos, acabaram de ser comunicados que ele irá se casar. Precisa do apoio da família, mas eles são católicos praticantes e seguem fielmente as doutrinas da Igreja Católica Apostólica Romana. O que podem fazer Lucas, seus pais e seu noivo?
3. Os pais de Santiago sabem que seu filho é homossexual e que namora outro homossexual. Santiago quer comprar um apartamento com seu namorado e necessita da ajuda de seus pais, que têm uma boa situação econômica.

Parece que todos os partidos políticos, inclusive o conservador (não em muitos países), admitem que os homossexuais possam se casar.

Entretanto, alguns partidos impõem condições: podem unir-se civilmente, mas não casar-se, porque o casamento é a "união entre um homem e uma mulher". Acredito que esse argumento não se sustente. A verdade é que esse é um tema aberto, passível de discussão. No entanto, acreditamos que, na realidade, essa questão é a expressão de uma resistência: a incapacidade de admitir que os homossexuais podem se casar com os mesmos direitos e obrigações que as demais pessoas. Definitivamente, é como se fosse isso o que estivesse subentendido):

> Os homossexuais são pessoas especiais e distintas, a quem, nestes tempos modernos, não podemos negar que se casem (têm conseguido isso, de fato, à força, essa é a verdade), no entanto não podemos consentir que sejam iguais aos outros casais, os verdadeiros, os corretos, os matrimoniais.

COMENTÁRIOS:

1. Paula tem todo o direito de namorar, e os pais devem aceitar essa decisão. Se isso não ocorrer, Paula terá seus direitos gravemente afetados, encontrando dificuldades para resolver suas necessidades afetivas e sexuais, ou se verá obrigada a romper com seus pais, com todo o sofrimento e perda que isso supõe.
2. Compreendemos as dificuldades dos pais de Lucas, certamente dispostos a aceitar a homossexualidade do seu filho, mas não que se case. No entanto, independentemente de como resolvam religiosamente esse conflito (talvez encontrem outros religiosos, inclusive sacerdotes que sejam compreensivos e que ajudem a encontrar uma solução), devem aceitar que seus filhos não são iguais a eles e que não podem impor sua fé. Os filhos não têm a obrigação de orientar suas vidas pela doutrina que seus pais creem. Os pais deveriam tolerar e apoiar os filhos.
3. Os pais de Santiago fariam bem em não discriminar economicamente o seu filho homossexual e deixar que ele decida com quem quer compartilhar os benefícios que possam advir de sua ajuda.

Que para os bispos essa luta seja mais importante que a pobreza, a guerra, a liberdade de expressão, não nos resta dúvidas de que se trata de uma resistência homofóbica, por mais que a rejeição, neste caso, combine com a doutrina sexual que sustentam. Ainda sim, sua luta cheira a homofobia, e não apenas a coerência com uma doutrina religiosa sobre os rumos da sexualidade. Voltaremos a essa questão mais adiante, no último capítulo

Os direitos da minoria homossexual não deveriam ser discutidos, mas sim reconhecidos

Por um lado, a partir do ponto de vista profissional e laico, o qual nos corresponde, a despeito de discussões sobre se a Constituição admite ou não o casamento homossexual, certo é que qualquer dificuldade imposta aos homossexuais é discriminatória, injusta e, se bem entendemos, a Constituição é inconstitucional, já que não admite discriminação em razão de sexo, etnia.*

Por outro lado, se a dificuldade estivesse no que diz a Constituição, teríamos de fazer o mesmo que ela diz a respeito dos herdeiros da Coroa – prioridade dos homens – ; ou seja, teríamos de mudá-la. Parece um erro grave que já na Constituição de 1978 não se tenham solucionado bem esses temas e se tenham mantido elementos de discriminação sexual. É evidente, todavia, que se necessário fosse, deveríamos mudá-la, posto que hoje em dia é totalmente inadmissível que tais elementos figurem em nossas leis.**

Certamente, não quero comparar o significado de um ou de outro tema. A monarquia é uma opção discutida e discutível. Assim, serve somente enquanto exemplo. Os direitos da minoria homossexual não deveriam ser discutidos, mas sim reconhecidos, mudando as leis, se isso fosse necessário. É evidente que foram os seres humanos que fizeram as leis. Às vezes, com acerto, em outras, como é o caso, com ignorância e graves preconceitos.

Em todo o caso, seja qual for a solução legal que se dê a esses casais (coisa que não estamos em condições de resolver – os profissionais – nem nos corresponde enquanto tais), esta deveria cumprir uma condição: ter os mesmos direitos e as mesmas obrigações, e que os casais homossexuais fossem considerados socialmente com o mesmo valor e dignidade que os casais heterossexuais.

---

*N. de R.T. A Constituição Brasileira de 1988, nos seus artigos 3º e 5º, proíbe categoricamente qualquer tipo de discriminação, embora não mencione, explicitamente, a proibição da discriminação por orientação sexual.

**N. de T. Na Espanha, devido à sua situação de Monarquia Constitucional, houve alteração na Constituição.

Atualmente, todos nós temos conquistado algum direito em se tratando de casamento: o direito de nos unirmos com quem queremos e da forma que considerarmos oportuno; o direito de estabelecer vínculos de diversas maneiras: pessoais, sociais ou legais; o direito de se desvincular, romper os compromissos e alianças. Esses direitos são patrimônio de todos e, depois de uma longa luta ao longo dos séculos, não podemos excluir os homossexuais dessa conquista social.

Eles têm de ter os mesmos direitos referentes à vinculação e à desvinculação. Certamente que todos nós também devemos ter as mesmas obrigações em relação a cada direito, inclusive seria desejável que todos nós nos relacionássemos sobre a base de princípios éticos que, como afirmou o filósofo Kant, resumidos poderiam ser formulados assim: temos o direito de exigir que os demais não nos utilizem tratando-nos como objetos; por isso mesmo, de acordo com essa lógica, nunca deveríamos instrumentalizar os demais tratando-os como objetos. Todos nós temos dignidade e devemos ser tratados com o respeito que merecemos.

O que devo fazer se meu filho ou minha filha homossexual quiser namorar ou se casar?

No que diz respeito aos pais, é importante que eles se alegrem e aprendam a expressar essa alegria e aceitação quando, no que tange a uma ou a outra opção, seu filho ou sua filha homossexual decidir namorar ou se casar:

- Sentir-se feliz e parabenizar os filhos, porque é uma confirmação de que se amam, sendo o casamento (ou o namoro) uma forma pela qual seus filhos resolverão suas necessidades de vinculação afetiva. "Meu filho ou minha filha tem quem o queira, não está sozinho ou sozinha, tem a quem querer, etc."
- Pôr-se à disposição dos filhos, como se fossem as bodas de um filho ou uma filha heterossexual, para facilitar as coisas e comemorar o casamento como eles considerarem oportuno. Auxiliar nos preparativos, se eles assim desejarem; fazer convites aos demais familiares se for o caso, etc. "Estamos aqui para ajudar vocês e para comemorar o casamento como vocês desejam."
- Encontrar-se com a família do noivo ou da noiva do filho ou da filha, a fim de se alegrar mutuamente e para apoiar, ambas as famílias, o casal. Em alguns casos, os pais poderão ajudar os noivos a melhor aceitarem todo o processo; em outros casos, serão os pais os ajudados. O apoio mútuo, sabendo que estão fazendo não somente o melhor, mas ainda o que os filhos merecem e o que corresponde ao seu amor enquanto pais. "Queremos conhecer seus pais e comemorar com eles."

- Acompanhar e comemorar o casamento da maneira que os noivos desejarem. Se não for possível que as duas famílias aceitem e apóiem o casamento, devemos fazê-lo "pelo menos nós". "Eu não vou deixar meus filhos sozinhos, os apoio e me alegro com eles."

O que os pais devem fazer é aceitar o modelo de casal que os filhos desejam ter

- Ajudá-los em todos os aspectos, também nos econômicos, da mesma forma que os demais filhos quando se casam. É importante, também, agir dessa forma no que se refere a questões de herança e a demais aspectos da vida familiar. "Para mim é uma filha a mais e assim é e será em tudo, também no que tange a dinheiro e à herança."
- Aproveitar a oportunidade para conhecer e desfrutar da festa com outros amigos homossexuais de seus filhos, se for o caso. Talvez já tenham tido a oportunidade de ter feito isso antes. Se isso não ocorreu, essa é uma boa oportunidade para conhecer seus amigos e amigas, especialmente se são homossexuais.
- Que o novo casal possa voltar à casa dos pais e viver enquanto tal em completa normalidade, como outros casais heterossexuais. "Em nossa casa vocês sempre terão um lugar, um espaço, um lar que é seu: o lar de seus pais."
- Que participem com normalidade, como casal, se assim for a vontade deles, das viagens e festas familiares. "Venha com seu companheiro ou companheira no Natal. Já é normal e estamos todos muito melhor. As tensões já terminaram."
- Visitar com toda a normalidade a casa dos filhos ou filhas que vivem com seu companheiro ou companheira homossexual. "Esta é a casa de minha filha, é a casa de meu filho, portanto posso visitá-los, passar uns dias com eles, relacionar-me com eles da mesma forma que faço com os outros filhos."

Certamente que esses comentários não significam que nós estejamos empenhados em que os homossexuais se casem de forma convencional. O que os pais devem fazer é o que muitas famílias fazem com os filhos heterossexuais: aceitar o modelo de casamento que eles decidam ter. O que desejamos é que todas as formas de discriminação sejam evitadas e, precisamente por isso, expusemos esses conselhos bem reais e significativos.

Esses conselhos são também um bom exemplo do que os pais e os filhos ganham quando se aceita a homossexualidade com normalidade.

Você não acha que é justo, é o melhor, é o que filhos e pais merecem?

IDEIAS RELEVANTES:

- Os pais devem aceitar seus filhos e suas filhas homossexuais com todas as consequências, também quando estes decidem se casar.
- É justo e fundamental que aceitem esses casais e deem o mesmo tratamento que dariam a um casal heterossexual formado por seus filhos.
- Todos sairão beneficiados: os pais, que se sentirão orgulhosos e satisfeitos em ajudar seus filhos a superarem qualquer tipo de dificuldade e sentimento de rejeição; os filhos, que poderão considerar sua casa paterna e materna como seu lar e oferecê-lo com toda a confiança a seu companheiro ou companheira.
- "Temos famílias, o lar de nossos pais", dirá o novo casal. "Temos filhos", dirão os pais dos dois componentes do casal.

6
Meu filho ou minha filha homossexual tem ou terá um filho

PERGUNTAMOS:

- Devemos aceitar que nossos filhos ou nossas filhas homossexuais tenham filhos?
- Se não são heterossexuais, como terão filhos?
- É legítimo que os casais homossexuais tenham filhos? Não sofrerão consequências negativas?
- O que podemos fazer se nossos filhos homossexuais decidem adotar um menino ou uma menina? Temos de aceitar ser seus avós?
- É sensato esperar problemas específicos dos pais e dos filhos que vivem em famílias homoparentais (filhos e casais homossexuais)?

FALAREMOS SOBRE:

- Já existirem filhos com pais ou mães homossexuais. Isso é uma realidade. Indicaremos qual pode ser a origem desses filhos.
- Existir experiência nesse tipo de família e existir estudos com resultados tranquilizadores sobre o desenvolvimento destas crianças de pais homossexuais.
- Poderem e deverem ser aceitos como netos. Necessitam muito disso. E os avós não podem perder essa oportunidade para expressarem seu amor.
- Razões a favor do direito dos homossexuais de adotar crianças menores.
- De onde podem surgir as dificuldades específicas dos pais e dos filhos de famílias homoparentais.

Já existem meninos e meninas com pais homossexuais em muitos países

Já existem inúmeros meninos e meninas (embora não saibamos quantos exatamente) que têm pais homossexuais ou mães lésbicas, tanto em uma relação monoparental (exercem a maternidade ou a paternidade de forma isolada, como mãe solteira, por exemplo) quanto como casal (dois pais/duas mães, se usarmos a terminologia tradicional, muito discutível neste caso).

Esses tipos de famílias são um fato, o qual será mais frequente no futuro.* Têm origem e características muito distintas, não formando uma unidade; no entanto, são uma realidade:

- Casais homossexuais que têm filhos procedentes de um casamento anterior: filhos biológicos de um homossexual que teve filhos em um relacionamento heterossexual anterior, convivendo agora com outro homossexual.
- Pessoa homossexual (um só pai ou uma só mãe), normalmente mulheres lésbicas que têm filhos procedentes de relações heterossexuais: filhos biológicos em uma relação monoparental com uma mãe lésbica (ou mais excepcionalmente, um pai), com ou sem relações com seu pai biológico do qual sua mãe tenha se separado ou que nunca esteve unida.
- Mulheres lésbicas que, por meio da reprodução artificial ou inseminação artificial, têm filhos biológicos e que criam uma família monoparental.
- Casais de mulheres lésbicas em que uma delas ou as duas têm filhos biológicos por meio de reprodução assistida ou inseminação artificial.
- Mulheres lésbicas que, enquanto solteiras, adotaram crianças por parte de uma delas ou das duas, crianças essas que foram adotadas na condição de mulher solteira.

Quantos são esses casos? Nem mesmo em países com estatísticas melhores temos condições de saber. Por exemplo, nos Estados Unidos se calcula que entre 1-12% de todas as crianças menores (note-se a diferença e a imprecisão) vivem em famílias desse tipo.

Negar essa realidade ou criar dificuldades a esses pais e filhos é um grave erro e uma crueldade com os menores envolvidos.

---

*N. de R.T. No Brasil, a desembargadora Maria Berenice Dias tem várias publicações e artigos abordando o tema da homoafetividade e do direito de família nestas situações.

A partir desse ponto de vista, colocando-nos ao lado das crianças, como não pode ser de outra forma, é necessário aceitar essa realidade e ajudar esses filhos e essas filhas e esses pais e essas mães. Se assim não agimos, os filhos:

- Ficam mais desamparados, se, como talvez ocorra, um dos pais ou uma das mães morre ou tem problemas graves, já que o outro membro do casal, apesar de ter convivido com a criança e ter cuidado dela durante anos, não tem nenhum direito de continuar com sua guarda.
- Esses meninos e essas meninas não poderão aceitar normalmente seu tipo de família, já que ela não é assistida pela lei, nem reconhecida socialmente.
- Em muitos casos, podem inclusive sofrer rejeição, discriminação e insultos.

Minha família não é uma família: é outra coisa, não é legal, não é socialmente reconhecida, é como se não existisse. Somos diferentes, rejeitados, riem de nós... Tenho vergonha de contar aos demais como é minha família, não posso convidar outras crianças para virem a minha casa. Meus pais não podem vir às reuniões do colégio.

De certo modo, muito embora com especificidades evidentes e muito mais problemas sociais, essas crianças podem compartilhar aspectos dos que eram considerados filhos ilegítimos.

Nós, os profissionais, não podemos trabalhar com preconceitos e deixar de lado os meninos e as meninas oriundos de famílias que não sejam consideradas convencionais.

Essas famílias devem ser aceitas e regulamentadas socialmente; reconhecidas e apoiadas como as demais.

No entanto, se alguém duvidar disso, pelo menos se poderia admitir os argumentos de que os filhos não escolhem suas famílias e de que todas as crianças têm o direito à proteção, à aceitação e ao amor. Nesse caso, independentemente do que certas pessoas conservadoras possam pensar, deverão convir que essas crianças têm os mesmos direitos que as demais.

Portanto, não neguemos o que já é uma realidade, tornando a vida desses menores difícil. Não existem crianças ilegítimas.

O bem-estar de cada criança deve sempre ser prioritário, independentemente dos pais que tenha

O direito à adoção

Todos os homossexuais devem ter seus direitos, assim como o direito de poder cuidar de crianças e, portanto, o direito de adotar: por quê?

Apesar dessa afirmação parecer inquestionável se lermos a Constituição espanhola ou a Declaração de Direitos Humanos e levarmos em conta que não deve existir discriminação, tampouco em função da orientação do desejo, é óbvio que, como estão envolvidas outras pessoas, os meninos e as meninas que forem adotados, para aceitar o uso desses direitos teóricos, devemos responder de forma positiva a diversas perguntas.

O exercício de alguns direitos, neste caso o direito dos homossexuais, não deve pôr em risco o bem-estar dos filhos e das filhas, se esse fosse o caso. Isto nunca seria aceitável: que se instrumentalizasse um menino ou uma menina para exercer os direitos de outra pessoa. Se houvesse conflito entre os direitos dos homossexuais de adotar e os direitos dos menores de ser bem-cuidados, deveriam ter prioridade os direitos dos meninos e das meninas. No entanto, esse não é o caso.

Assim, se defendemos que os homossexuais possam adotar crianças é porque eles podem cuidar deles bem, não porque eles tenham direito de fazê-lo; mas porque é o direito dos filhos a prioridade, ou seja, eles são a terceira pessoa implicada.

Vamos direto ao debate.

Sem recorrer a falsos argumentos

> Todos têm direito a ter filhos, menos nós. Aos assassinos, aos maníacos sexuais, aos ladrões, etc., ninguém nega o direito de ter filhos. Não somos nada disso, por sermos homossexuais nos impedem de adotar crianças. (Discurso de um homossexual)

Esse é um argumento possível, que pode parecer lógico, mas não é: de fato (alguém pode dizer), não se pede para ninguém condições para ter filhos. Os pais podem ser psicopatas, alcoólicos, drogados, assassinos, maníacos sexuais. É verdade que isso é assim. E, nestes casos, deve-se ajudar esses filhos e esses pais.

Todavia, a adoção é um tema diferente: a ninguém ocorreria entregar em adoção um menino ou uma menina a esse tipo de pais. Eles têm filhos porque os profissionais não podem intervir em sua decisão (frequentemente, nem sequer esse tipo de pais decide realmente, mas os têm de forma irresponsável). Se pudéssemos, deveríamos avaliá-los e tomar algumas providências, em alguns casos desaconselhando a maternidade ou a paternidade. Não se pode comparar a adoção com o fato de ter filhos por vontade própria, com ou sem responsabilidade. Lamentavelmente, não podemos intervir evitando a gravidez e os nascimentos que não deveriam ter ocorrido.

Na adoção e na reprodução assistida podemos e devemos avaliar a capacidade de cuidar dos filhos que têm os aspirantes a pais, sejam eles homossexuais ou não

Já na adoção, podemos e devemos cuidar as condições que os aspirantes a pais oferecem. No restante dos casos, devemos trabalhar para prevenir as formas de paternidade/maternidade irresponsáveis.

Inclusive nos casos de reprodução assistida ou inseminação artificial, nos quais também há profissionais que têm que dar "luz verde" e oferecer auxílios específicos para que se tenham filhos, convém levar em consideração se a futura mãe e/ou pai oferecem condições aceitáveis para o desenvolvimento desses filhos. Lamentavelmente, nos casos de reprodução assistida ou inseminação artificial, alguns profissionais estudam pouco aqueles que recorrem a estas técnicas. O fato desses serviços estarem quase sempre nas mãos da iniciativa privada não justifica que se usem motivações do tipo econômicas para ser excessivamente permissivo com as pessoas que desejam ter filhos, mas pode facilitar esse tipo de tentação.

Certamente, ninguém está questionando se uma mulher lésbica deve ser admitida em um programa de reprodução assistida ou adotar filhos. Esta pergunta se faz de uma forma perversa:

> Como as mulheres solteiras podem recorrer a esta possibilidade – à reprodução assistida e a de adotar crianças –, não há problemas, já que não é obrigatório declarar a orientação do desejo. Portanto, aceita-se sua solicitação e ponto.

Esse enfoque nos parece cruel, posto que, hipoteticamente, embora não seja o caso, se homossexuais tivessem filhos e isso fosse perigoso para as crianças, estaríamos apresentando mal as coisas.

Unicamente porque os homossexuais podem cuidar eficientemente das crianças, ser boas mães ou bons pais, podemos aceitá-los em programas de reprodução assistida ou em um processo de adoção.

Se não fosse assim, e o dissermos unicamente porque "não podemos saber" e porque fazem uso de seus direitos como "solteiras e solteiros", estaríamos apresentando mal as coisas: não levaríamos em consideração a prioridade do direito da criança.

Problema diferente seria o que e como fazer, tratando-se de algo inadequado para a criança. Como não é um problema real, não tem sentido quebrarmos a cabeça buscando soluções (declaração jurada dos aspirantes a pais; estudos especiais que permitissem detectar a orientação do desejo, se isso fosse possível?! Seria difícil ou certamente impossível, mas se tentaria evitar a adoção em função do bem-estar das crianças).

Essas suposições podem parecer desnecessárias para algumas pessoas, no entanto são decisivas para o tema do qual nos ocupamos: é importante reconhecer que se disséssemos não para a adoção de crianças por pessoas ou por casais homossexuais, deveríamos também dizer não para a possibilidade de que recorram à reprodução assistida ou que adotem crianças enquanto pessoas solteiras. Teríamos de reconhecer que possuímos uma brecha legal pela qual estamos permitindo e apoiando práticas inadequadas para a infância.

Felizmente, esse não é o caso.

As verdadeiras perguntas e dúvidas

Estas são as três perguntas que acreditamos que devemos fazer:

- Os meninos e as meninas podem desenvolver-se de maneira adequada como filhos e filhas de uma pessoa ou de um casal homossexual?
- É válido aguardar que os pais e as mães homossexuais e seus filhos tenham dificuldades especiais em seu processo de socialização?
- Se existissem problemas ou fatores de risco específicos nas famílias homoparentais seria possível evitá-los?

Vamos por partes. Escutemos primeiro os que dizem não às duas primeiras perguntas, já que anunciam graves dificuldades quando respondem a última. Depois, daremos nosso ponto de vista profissional.

Argumentos contrários à adoção de crianças por homossexuais

Os argumentos são inúmeros. Iremos nos deter naqueles que consideramos serem o cerne dessa postura. Em alguns casos, a resposta será breve, posto que o leitor poderá encontrá-la mais bem desenvolvida no início deste livro. Em relação aos outros argumentos, haverá uma maior dedicação, porque não os abordamos especificamente até o momento.

Primeiro argumento

Em minha religião se aceita somente um tipo de família e a paternidade e maternidade de pessoas casadas heterossexualmente

Não se deve impor aos demais uma ideia concreta de família nem negar aos homossexuais o direito de terem filhos

Em se reconhecendo que esse é um argumento religioso, cuja origem e fundamentação estão na comunicação que supostamente Deus fez com um ou com outro profeta, nas escrituras e na interpretação de uma igreja ou "Papa" supostamente infalível, não temos nada a dizer enquanto profissionais.

Certamente que não presenciamos a comunicação de tal revelação ao profeta e é evidente que não nos diz respeito, enquanto profissionais, discutir a verdadeira interpretação dos livros sagrados. São os religiosos os responsáveis por calcular a fundamentação e o valor religioso desse critério.

Eis o que podemos fazer: verificar as diferenças de critério entre os religiosos e inclusive entre as supostas autoridades religiosas, já que, acreditamos ser sensato que tais religiosos se informem, busquem ajuda em quem tenham confiança.

Também lembramos aos religiosos que vivemos em um país que não é confessional e que, portanto, podem pregar, dar testemunhos, mas não podem impor aos demais sua idéia religiosa de família ou sua rejeição ao direito dos homossexuais terem filhos. As leis não devem ser confessionais, mas sim firmarem-se na soberania do povo, sejam eles religiosos ou não.

Claro que aqueles que defendem esse ponto de vista religioso também nos falam de um suposto direito natural, o qual estaria de acordo com suas crenças. Os argumentos dessa natureza transitam da religião à antropologia, à filosofia, à ética. Por isso, não os discutiremos neste capítulo, para não cair na armadilha daqueles que pretendem fazer-nos comprar "gato por lebre". O argumento do direito natural não pode ser interpretado somente por uma religião, partindo-se do princípio de que tem o patrimônio da verdade. De acordo com a ordem natural, em um país não-confessional, ninguém possui esse patrimônio.

Também lembramos aos pais religiosos que não têm o direito de impor a seus filhos homossexuais (religiosos ou não) uma forma de vida. Novamente farão bem em pregar e em dar o testemunho de sua fé, mas não em ser intolerantes com seus filhos se eles veem as coisas de outra forma. Seus filhos têm personalidade e vida própria e não cremos que os pais possuam o direito de organizar a sua vida e as suas relações neste ponto: seria uma prática educativa fundamentalista e, seguramente, ineficaz, repleta de riscos para os filhos e para a família.

Muito mais cruel seria não aceitar os netos pelo simples fato de seus pais serem homossexuais. Em nenhum caso podem existir filhos ilegítimos, já afirmamos isso.

Segundo argumento

> A homossexualidade é uma degeneração, uma perversão, uma doença, por isso não é adequado que tenham filhos ou que cuidem deles.

Já discutimos suficientemente esse tema nos capítulos anteriores, especialmente no segundo.

Parece-nos importante lembrar que este é o argumento central que embasa essa polêmica: a homossexualidade está sob suspeita, é vista com maus olhos, embora nem sempre assim o declare quem pensa dessa forma.

Por exemplo, a Igreja Católica Apostólica Romana, em novembro de 2005, afirmou que os homossexuais não devem ser aceitos no sacerdócio, porque se trata de uma "desordem". O próprio Vaticano pede que os homossexuais religiosos não ocultem sua homossexualidade a fim de conseguirem ser sacerdotes e que os mestres espirituais façam o possível para detectar essa "desordem" nos seminaristas. Compreender que essa postura é a que embasa àqueles que se opõem "ao matrimônio e à adoção" por parte dos homossexuais é fundamental para bem situar o debate.

Terceiro argumento

Aceitamos a homossexualidade como orientação legítima e saudável, mas sem:

- Ter relações sexuais.
- Namorar ou viver juntos.
- Ter filhos.
- Casar-se.
- Adotar crianças.

Essa é uma argumentação com muitos matizes e níveis de rejeição às relações homossexuais. Apontamos cinco tipos de rejeição distintos, mas existem mais. Boa parte daqueles que ainda veem com maus olhos a homossexualidade se situam em um ou outro nível dentro dessa postura. Alguns são radicais e compartilham de todas essas afirmações. Outros, no outro extremo, consideram inadequado facilitar o casamento e a adoção. Naturalmente, existem pessoas que se situam em posições intermediárias.

Nesse sentido, vale a pena analisar a postura de quem supostamente aceita bem a homossexualidade, mas que considera que os homossexuais não possam se casar e nem adotar crianças. Defendem que os homossexuais sejam aceitos socialmente e que se regulamente a união, mas em nenhum momento consideram aceitável o matrimônio entre homossexuais e que possam adotar. Não estou certo de reproduzir bem sua argumentação, no entanto creio que caminha neste sentido:

- A homossexualidade é um fato, não são doentes; devemos aceitá-los e facilitar tudo aquilo que contribua para satisfazer suas necessidades; todavia, de uma forma diferente, com uma nova roupagem jurídica.
- De forma alguma devemos admitir que possam contrair matrimônio em igualdade de direitos com o "verdadeiro matrimônio", a aliança entre duas

pessoas heterossexuais. Isso contradiz a Constituição (argumentação legal) e equipara relações distintas, que possuem especificidade distinta (argumentação de conteúdo).* O último argumento se enriquece com razões concretas, que nem sempre sou capaz de seguir:

- Considerar que isso desnaturaliza o matrimônio (tal como ele é entendido até o momento).
- Deturpa o significado literal da palavra "matrimônio".
- Cria confusão e caos social.
- Somente em alguns poucos países se fez isto.

Entendo que, assim proposto, os profissionais podem considerar discutível qual é a melhor solução social. Se é o matrimônio tal e como o conhecemos ou uma outra forma de organização das relações sociais.

Entretanto, a partir do ponto de vista profissional, o matrimônio não é uma instituição sagrada, mas sim uma instituição social, sobre a qual se legisla em diferentes níveis, com mudanças frequentes ao longo da história; e, em se tratando de uma instituição social, é discutível, podemos considerar se a mantemos assim como está, ou se melhoramos a legislação que a regulamenta (se pensarmos de que forma e se entramos em acordo).

A partir do ponto de vista profissional, não podemos defender uma forma concretada, rígida e imutável de matrimônio. Seria situar-nos no que alguns psicólogos denominaram "legalidade moral": pensar que as leis são sagradas, eternas, imutáveis e boas.

Isso é insustentável histórica, filosófica e antropologicamente porque as leis que regulamentam as instituições sociais mudaram e seguirão mudando ao longo da história. Sua origem está ou na imposição ditatorial de alguns governos confessionais, ou, no melhor dos casos, nas decisões de parlamentos, câmaras, etc., baseadas na soberania dos povos ou no consenso.

A regulamentação dos casais homossexuais deve se fazer de forma não-discriminatória, sem desvalorização, sem pôr esses casais em uma segunda categoria

*N. de R.T. No Brasil, há uma série de disputas judiciais e de interpretações das leis em torno da possibilidade de estender o estatuto do casamento civil a casais homossexuais. Numerosas ações na justiça já obtiveram ganhos em termos de previdência, herança e sucessão, guarda de filhos.

Muitos de nós fomos testemunhas das mudanças espetaculares em relação à legislação sobre o matrimônio; por exemplo, especialmente no que se refere às separações e ao divórcio. Também nesse caso não foram poucos os que, devido a essas mudanças, proclamaram o fim do matrimônio e da família.

Portanto, está claro que se deve discutir como regulamentar todos os casais, nada é sagrado e imutável; mas isso se deve fazer – e aqui está o "x" da questão – não discriminando, não desvalorizando, não pondo os casais homossexuais em uma segunda categoria. Essa é nossa opinião profissional.

Poderíamos encontrar agora outro caminho diferente do caminho do matrimônio, sem dar para os casais homossexuais a opção de contrair matrimônio com os mesmos direitos e deveres que os casais heterossexuais? Não sabemos, não damos uma resposta radical; no entanto, consideramos isso difícil por vários motivos:

- Em primeiro lugar, por razões históricas. Estamos em um processo histórico no qual a igualdade somente será possível (real e simbólica) se os homossexuais puderem contrair matrimônio da mesma forma que os heterossexuais. Não acredito que haveria outra possibilidade de "conformar", "significar" e "obter" a igualdade entre os casais heterossexuais e homossexuais em direitos e obrigações.
- Em segundo lugar, a orientação do desejo obteria visibilidade por obrigação (nos documentos como o Livro de Família*). Creio que isso atenta contra os direitos individuais e facilitaria possíveis discriminações, distinguiria simbolicamente os homossexuais como minoria.
- Em terceiro lugar, seria possível entender (e não é o que ocorre?) como rejeição à homossexualidade o fato de negar o direito de os homossexuais serem considerados "como nós, os heterossexuais". Uma espécie de medo de contaminação de uma instituição exclusiva de heterossexuais, sagrada e eterna.
- Em quarto lugar, não nos enganemos, aqueles que defendem essa postura, legítima a partir do ponto de vista democrático, entenda-se bem, é possível que nunca tenham aceitado totalmente a homossexualidade enquanto uma saudável orientação do desejo, e é muito provável que ainda mantenham elementos de rejeição. Aparentam boas intenções (sim, que formem casais, mas um tipo especial de casal que não seja equiparado ao heterossexual), já que se veem obrigados a ceder, mas não porque estejam convencidos da igualdade entre pessoas com diferente orientação do desejo.

---

*N. de T. Expressão relacionada ao Direito. Livro no qual se encontram registradas as informações relacionadas ao matrimônio e os filhos oriundos deste.

São muitos os que se opõem à adoção por parte de homossexuais. Aqueles que rejeitam o matrimônio entre homossexuais, e muitas outras pessoas que apresentam postura semelhante, são contrárias à adoção de crianças por casais homossexuais: não ao matrimônio e não à adoção. Nesse caso, além disso, tenta-se justificar o "não" a partir da perspectiva da criança. Sentenciam: é perigoso para a infância.

Vejamos estes argumentos nas seções seguintes, porque ainda que estejam relacionados com os anteriores, têm sua especificidade.

Quarto argumento

Acreditando ou não o matrimônio entre homossexuais, muitas são as pessoas que (e, neste caso, também alguns profissionais) declaram inadequada ou perigosa a possibilidade de homossexuais adotarem crianças. Quais são seus argumentos reais? Certamente não iremos reproduzir todos; no entanto queremos nos deter sobre os mais importantes.

Um dos argumentos mais frequentes contra a adoção por pais homossexuais aponta que os filhos de "dois pais" ou de "duas mães" apresentarão problemas na aquisição da identidade sexual e na identificação com o progenitor do próprio sexo. Essa postura é muito difundida entre profissionais da linha psicoanalítica.

De acordo com essa postura, em primeiro lugar, os filhos de pais homossexuais terão problemas na aquisição da identidade sexual porque ou bem carecem de um pai ou de uma mãe de seu próprio sexo (menino criado por duas mulheres, menina criada por dois homens) ou bem carecem do pai do sexo contrário ao seu (menino com dois pais, menina com duas mães). Essa ausência da referência dupla (de pai e de mãe) poderia, segundo esses profissionais, dificultar o "entender-se" menino como seu pai, diferente de sua mãe, em uns casos, ou menina como sua mãe, diferente de seu pai.

A verdade é que se o mundo de um menino ou de uma menina se reduzisse a seus pais, se nascesse em uma ilha ou planeta no qual somente houvesse homens ou mulheres, iria sentir-se surpreendido e teria dificuldades para construir sua identidade sexual; necessitaria, então, de referências. Entretanto, não é assim que ocorre: os meninos e as meninas vivem em um mundo com homens e mulheres, com moças e rapazes, tendo, assim, muitas oportunidades de saber que pertencem a uma ou outra categoria.

> *Não é necessário um pai e uma mãe para adquirir a identidade sexual de forma correta*

Vamos agora responder algumas perguntas.

É fundamental ou necessário ter um pai ou uma mãe para adquirir a identidade sexual de forma correta? A resposta é "não". Vejamos alguns argumentos:

- Os estudos sobre os meninos e as meninas que são criados por pais homossexuais não encontraram esse tipo de problema. Esses meninos ou essas meninas sabem que são meninos e meninas, sem dúvida nenhuma, independentemente do sexo de seus pais. Isso assim ocorre porque a identidade sexual é um conceito mental sobre o cérebro a que está ligada, a partir do conhecimento de que existem dois tipos ou classes de pessoas: homens e mulheres, meninos e outras meninas. Dessa forma, se um menino é criado por duas mulheres, não significa que não saiba que ele é distinto, que é um menino, que tem "pinto", que será um homem. Certamente que o conhecimento de outros meninos e meninas, outras mulheres e outros homens lhe dará a oportunidade de fazer um juízo adequado.
- Entretanto há outra prova que todos podem entender: os filhos de mães solteiras, os que foram criados desde muito pequenos por sua mãe viúva ou pai viúvo, os criados por avó ou os adotados por mães solteiras. Eles tampouco têm um pai e uma mãe, mas sim uma mãe ou um pai apenas (às vezes são criados entre várias mulheres; por exemplo, a mãe, a avó), e então teriam um problema na aquisição da identidade se fosse correto esse temor. Todos sabem que isso não é certo, porque muitas crianças receberam esse tipo de criação ao longo dos anos.

Os fatos demonstram que essas proposições teóricas não correspondem com a realidade, e aqueles que os defendem fariam bem se pensassem se o problema não está na teoria ou preconceito no qual se baseiam para fazer esse tipo de crítica.

Outra pergunta central: pode ser que não tenham problemas para saber que são menino ou menina, mas não carecerão de modelos de como são os homens e as mulheres?

Alguns profissionais afirmam que o problema não é tanto que não saibam que são menino ou menina, mas sim que tenham dificuldades para adquirir a "característica" ou o papel de homem ou de mulher de nossa sociedade. Um menino criado por duas mulheres, por exemplo, não saberia com certeza como são "os homens" em nossa sociedade.

Os filhos de famílias homoparentais são mais tolerantes com a diversidade das características de gênero

Àqueles que defendem esse argumento podemos responder que essas supostas características, estereótipos, etc., são criações sociais discutíveis que, precisamente entre nós, estão em revisão, porque são discriminatórias e prejudiciais para ambos os sexos. De forma que, salvo que se quisesse defender essas características como uma realidade social desejável e intercambiável (o dever de ser "muito macho" ou "muito fêmea", com o que isso implica), não nos parece que teríamos nada a temer pelo fato de os filhos de famílias homoparentais não terem esses modelos na família. Lamentavelmente, será muito fácil para essas crianças observar em outros homens e outras mulheres, em outros meninos e outras meninas e também nos meios de comunicação esses estereótipos na sua pior versão.

Quem dera se fosse confirmado um dos dados que as pesquisas revelaram: que os filhos de famílias homoparentais são mais tolerantes com a diversidade das características de gênero. Isso ocorre certamente porque as características estereotipadas de homem e de mulher são nocivas para ambos os sexos, e porque se relacionam diretamente ao machismo. Está claro que esses rótulos são máculas sociais.

Ainda resta outra pergunta, esta mais relacionada com o processo de identificação: os filhos e as filhas de famílias monoparentais poderão satisfazer-se com sua identidade de menino ou de menina, apesar de não terem um pai ou uma mãe que tendo sua mesma identidade – de quem possam dizer: "é homem como eu; é mulher como eu" – sirvam para se identificar: desejar ser como ele ou ela? Essa pergunta é mais profunda e difícil de responder. De fato, não se trata unicamente de se entender menino ou menina, mas sim de se sentir satisfeito ou satisfeita sendo o que é. Esse processo não é somente um conceito mental (sou um menino ou sou uma menina), mas sim uma valorização (gosto de ser menino ou gosto de ser menina) e um desejo de "ser como" o adulto.

Nesse sentido, é provável que o processo de identificação seria facilitado se houvesse um progenitor do próprio sexo, atrativo para a criança, digno de amor, valorização e admiração: "sou um menino, um homem como meu pai e ele é maravilhoso", "sou uma menina, uma mulher como minha mãe e ela é maravilhosa". A partir desse ponto de vista – e não é o único – cremos que o casal convencional pode facilitar esse processo.

Além disso, no entanto, são muitos os meninos e as meninas que não tiveram esta figura (um adulto de seu sexo com o qual se identificassem) ou que tiveram figuras pouco atrativas e não parece que isso tenha acarretado necessariamente dificuldades com sua própria identidade e em outros aspectos do processo de socialização.

Portanto, reconhecendo que, neste aspecto, poderia ser positivo contar com esta figura de identificação do próprio sexo, parece-nos muito mais importante que, independentemente do sexo dos pais ou das mães, possam se identificar com eles enquanto pessoas valiosas e admiráveis. Dito de outra forma, os adultos precisam que as crianças encontrem neles modelos atrativos de valores humanos fundamentais:

> Meus pais ou minhas mães, ou meu pai e minha mãe, são pessoas que me amam e que eu amo, são valiosas; elas me ensinaram que vale a pena viver, trabalhar, ser honesto, defender minha dignidade e a dos outros, ser justo, defender a liberdade, amar.

As crianças precisam encontrar adultos nos quais possam se inspirar, que sejam modelos atrativos de valores humanos fundamentais

Quer dizer, cremos que o crucial é conhecer adultos que "valham a pena", que se mostrem atrativos para as crianças, que deem valor à vida, que lutem por uma vida digna e pelos vínculos afetivos.

Consideramos fundamental que esses adultos realmente existam e sejam conhecidos pelas crianças, menos fundamental acreditamos ser o sexo dessas pessoas. As seguintes afirmações seriam um bom exemplo do que afirmamos:

> Com minha mãe aprendi a cuidar das pessoas, a não ceder diante da injustiça, a viver com alegria, a amar, etc. (Dito por um homem)
>
> Com meu pai aprendi a cuidar das pessoas, a não ceder diante da injustiça, a viver com alegria, a amar. (Dito por uma mulher)

Com tudo isso, queremos dizer que o mais importante que os adultos podem ensinar aos filhos e as filhas, pouca relação tem com o fato de ser homem ou mulher. Dessa forma, aqueles que utilizam o argumento do processo de identificação para se negar a aceitar os casais homossexuais ou a adoção por parte deles, devem levar em conta que:

- Sua postura deveria os levar a criticar toda a estrutura familiar na qual não houvesse um pai e uma mãe (mães solteiras, viúvas, viúvos, etc.) e tudo o que isso significasse em nossa sociedade.
- Também teriam que se opor à adoção por parte de pessoas solteiras.
- Teriam que oferecer dados científicos que provassem para a sociedade que para se socializar é fundamental ou imprescindível ter pai e mãe (tais dados inexistem).

Mais uma vez, esse debate está relacionado com o conceito de família. Verdade é que a estrutura convencional (um pai e uma mãe, especialmente com estreitas relações com toda a família) é muito adequada. Todavia, não é menos verdade que o núcleo essencial e imprescindível de uma estrutura familiar que permite um desenvolvimento adequado é a relação estabelecida entre o adulto que cuida de maneira eficaz e a criança cuidada, destacando-se o vínculo que essa criança firma com o adulto.

O núcleo de uma família é a relação estabelecida entre o adulto que cuida de maneira eficaz e a criança cuidada, destacando-se o vínculo que essa criança firma com o adulto

Portanto, não parece que seja uma condição necessária que as crianças tenham um pai e uma mãe. Assim, não se deve utilizar esse argumento para rejeitar as famílias monoparentais.

Se o fato de ter dois pais ou duas mães chegasse a se tornar uma influência negativa para a criança (coisa que pode acontecer), cremos que isso somente se deveria ao fato de que, em determinadas sociedades, esse tipo de família tem uma existência extremamente difícil. Não encontramos, assim, uma razão evolutiva que embase essa rejeição.

Outra forma de justificar o quarto argumento é afirmar que pais homossexuais terão filhos homossexuais.

Já afirmamos que melhor seria confrontar esse argumento desfazendo o temor à homossexualidade e aos homossexuais: não haveria nada a temer. Se admitimos que a homossexualidade é uma orientação compatível com a saúde, se afirmamos aceitar a homossexualidade, como se poderia admitir esse tipo de argumentação?

Também, já sabemos que desconhecemos qual seja a origem da orientação do desejo; então, não há nenhuma razão para esperar que isso ocorra. Ter pais homossexuais, ter apresentado comportamentos homossexuais em brincadeiras adolescentes ou ter sofrido abusos sexuais por parte de um adulto do próprio sexo não está relacionado com a orientação do desejo que se tem. Estes são alguns dados que comprovam a falência de argumentos como esse.

Uma outra forma de fundamentar o quarto argumento é recorrer àqueles tipos de temores a respeito de supostos problemas emocionais ou sociais que teriam os filhos de famílias homoparentais.

Os estudos realizados até hoje apontam que temores dessa ordem também são infundados.

Apesar de muitos desses estudos não terem sido feitos sobre um número suficiente de indivíduos (isto é, poucos casos estudados) ou sobre grupos de famílias homoparentais suficientes, podemos, sim, dizer que é possível se desenvolver bem tanto emocional quanto socialmente em uma família homoparental.

Verdade é que essas investigações científicas nem sempre estão livres de preconceito de uma ou de outra ordem, mas, ainda assim, os dados são tranquilizadores: a partir deles não podemos justificar que os homossexuais não possam ter ou adotar crianças.

Os estudos parecem indicar que as crianças criadas por famílias com pais ou mães homossexuais têm um desenvolvimento emocional e social semelhante ao do resto da população. Portanto, se assim ocorre nos casos estudados (sejam eles mais ou menos representativos),

> *É possível se desenvolver bem tanto emocional quanto socialmente em uma família homoparental*

significa que é possível uma socialização adequada dessas crianças, e que não é inerente às famílias homossexuais provocar danos emocionais e sociais relevantes.

Quinto argumento

Queremos nos interar de um outro tipo de proposição muito difundida entre os profissionais. Ela pode ser assim resumida: aceitamos que os homossexuais se casem e que tenham filhos, mas não que adotem crianças.

Essa proposição se justificaria mais ou menos assim: os homossexuais têm filhos por um ou outro motivo, isso é fato; no entanto, a adoção é um processo mais exigente e os homossexuais não devem ter esse direito.

A origem de tal argumento está em uma suposta semelhança com outros casos: também aceitamos que outras pessoas tenham filhos, mas que não adotem.

Esse argumento é inaceitável porque confunde deficiências, carências e problemas que possam ter algumas pessoas e casais que se candidatam à adoção e que não são aprovados nos "testes de idoneidade" (realizados pelos profissionais a fim de verificar se os cuidadores desempenhariam bem sua função) com o fato de ser homossexual: se definimos a homossexualidade em si mesma enquanto uma condição impeditiva para a adoção, estamos dizendo que os homossexuais não deveriam ter filhos pelo motivo de serem homossexuais. A desqualificação produziria uma negação de sua capacidade, não baseada em uma ou outra deficiência, mas sim no fato de serem homossexuais, enquanto ninguém é desqualificado por ser heterossexual ou solteiro.

Devemos fazer distinções: fato é que existem homossexuais aos quais não se deveria confiar crianças em adoção pelo motivo de não serem idôneos ou por alguma outra razão, critério que deve ser adotado para todo o restante da população. Por exemplo, se sofrem de desequilíbrios mentais ou de algum outro transtorno, isso seria motivo para negar a adoção, mas não pelo fato de "serem homossexuais". Essa desqualificação significaria que teríamos de fazer o possível e o impossível para evitar que os homossexuais conseguissem cuidar de crianças por qualquer meio.

Sexto argumento

> Que os homossexuais sejam os últimos, que somente possam adotar se não houver heterossexuais dispostos a fazê-lo.

De acordo com esse argumento se admite que os homossexuais adotem, mas que sejam sempre preteridos em benefício de heterossexuais.

Esse adiamento em razão da orientação do desejo também nos parece inaceitável, já que é uma deslegitimização de um direito e uma atribuição de deficiência não legitimada pelo mero fato de ser homossexual.

Uma coisa é que, em determinado caso, um casal homossexual tenha mais dificuldades do ponto de vista dos profissionais para cuidar de uma criança, e outra coisa é que sempre sejam assim considerados. Isso, definitivamente, não é verdade.

Os profissionais deveriam levar em consideração o bem-estar da criança e objetivar as razões nas quais baseiam sua decisão. Não concebemos que esta seja uma razão objetiva: "é que são homossexuais".

Então, resumindo esta questão, perguntamos: os meninos e as meninas podem se desenvolver de maneira adequada como filhos de uma pessoa ou casal homossexual?

A investigação da qual dispomos nos leva a responder de forma favorável.

Verdade é que a investigação nesse campo não é vasta e tem limitações; entre elas, por exemplo, o desejo dos próprios investigadores de chegar a algumas conclusões, e não a outras.

Entretanto, consideramos que existam pesquisas em número suficiente a ponto de nos tranquilizar. Atualmente não existem provas para defender que a previsão sobre essas crianças seja má ou pior que a do restante da população. Pelo contrário, é razoável pensar que se existem alguns problemas específicos, eles podem ser evitados e compensados de alguma forma.

Se em estudos com filhos de famílias com pais e mães homossexuais não foram encontrados graves problemas e dificuldades, é certo dizer que se esses pais passam pelo filtro do sistema de adoção, seus filhos terão, seguramente, menos riscos do que teriam por outras vias.

Por que fazemos esse tipo de raciocínio? Porque os filtros de um processo de adoção, pelo menos em países como a Espanha, por exemplo, estão carregados de um elevado controle sobre os aspirantes a pais e mães, delineando com segurança todos os fatores de risco. Dessa forma, considerados em seu conjunto, os pais adotivos são melhores que outros tantos pais do restante da população (não dizemos todos), os quais, como é notório, tomam a decisão de ter filhos sem nenhum controle.

Razões a favor da possibilidade de adoção por parte de homossexuais

Não parece, portanto, que existam sólidos argumentos contrários à possibilidade de que homossexuais possam adotar crianças. Será, no entanto, que existem argumentos a favor?

Acreditamos que sim, muito embora não fosse necessário os indicar, já que se entende que, se não há razões para impedi-los, deve-se conceder este direito.

Mesmo assim, consideramos útil indicar alguns argumentos positivos.

Em primeiro lugar, existem muitas crianças que necessitam ser cuidadas: abandonadas a sua própria sorte, meninos e meninas sem pais, tutelados pelo Estado, doentes que não encontram pessoas que queiram ser seus pais, que os cuidem, crianças desvalorizadas. É uma boa notícia que essa classe de pessoas, como antes ocorreu com os solteiros, queiram cuidar de crianças. Todos nós deveríamos parabenizá-los por isso. Como é feito com os outros aspirantes a cuidadores, os homossexuais também teriam de passar por controles de idoneidade, mas é bom que as crianças possam contar com mais essa classe de pessoas para se importar com elas.

Em segundo lugar, as funções como figuras de apego podem ser exercidas com eficácia pelos homossexuais, sem nenhuma dúvida: ser adequadas figuras de apego (aceitação incondicional, afeto, cuidados eficazes e carinho), ajudar os filhos a se abrir com os demais e estabelecer relações de amizade e cooperação com o próximo. As crianças necessitam de adultos que as cuidem, não necessariamente um pai e uma mãe, por mais que essa formação funcione muito bem enquanto núcleo familiar.

Em terceiro lugar, somente assim estamos chegando à integração e à normalização das famílias homoparentais. Se não pudessem adotar, estariam sob suspeita, e as crianças que estivessem dentro dessas famílias seriam consideradas um erro.

Em quarto lugar, os homens e as mulheres homossexuais poderiam aceitar-se melhor enquanto tais e desenvolver seus possíveis desejos de paternidade ou maternidade, de dar vida ou de cuidar da vida de crianças que precisem. Também eles poderiam ter a "vocação"/ "decisão" de dedicar suas vidas por alguém, uma dedicação para toda a vida e repleta de sentido. Esse é, sem dúvida, o desejo mais humano que se pode ter. Por que deveríamos impedi-lo?

> Sonho com isso, sinto-me muito motivado a dedicar minhas forças, o melhor de mim mesmo para cuidar de um menino ou de uma menina.

Dificuldades peculiares às famílias de pais homossexuais

Devem-se esperar problemas e dificuldades especiais tanto nos pais homossexuais quanto nos filhos dessas famílias? Nossa resposta, também nesse caso, é afirmativa.

Aceitar e defender esse tipo de família, inclusive a adoção por parte delas, não significa que não devamos estar atentos a possíveis problemas específicos.

Outras famílias também costumam ter problemas específicos (mães solteiras, mães viúvas, pais viúvos, solteiras que adotam, pais separados, divorciados ou famílias reconstituídas), por isso não se trata de desqualificar as famílias homossexuais, mas sim de sermos realistas e saber em que sociedade estamos e qual história tiveram muitos homossexuais hoje adultos.

A lista de possíveis problemas que vamos apresentar não significa que ocorram em todos os casos e que não possam ser evitados. Nosso intuito é, portanto, compreender, prevenir e superar esses problemas, caso eles venham a surgir.

De onde podem advir tais problemas?

A biografia de alguns homossexuais

Uma primeira fonte de possíveis problemas estaria na biografia de alguns homossexuais: sofreram, tiveram problemas e suas feridas não foram bem cicatrizadas.

Pesquisas acerca desse campo mostram o fato de que certos problemas como ansiedade, depressão, tendência suicida ou anorexia são mais frequentes nos homossexuais. Isso não quer dizer, todavia, que esses problemas estejam generalizados nesse grupo de pessoas, simplesmente revela que ocorrem com mais frequência.

Juntamente com isso, nas teses direcionadas ao tema, nós mesmos pudemos demonstrar que o processo de aceitação da homossexualidade pode ser longo e não livre de sequelas.

Tudo parece indicar que estes dois fatos (maiores problemas no processo de socialização sexual e mais dificuldades de saúde mental) têm sua origem na rejeição social, que torna difícil a possibilidade de viverem normal e tranquilamente na sociedade. Em alguns casos, esse é o motivo que leva os homossexuais a terem um estilo de vida de maior risco.

Referindo-nos mais diretamente aos problemas e dificuldades que podem advir do próprio processo evolutivo dos pais ou das mães homossexuais, apesar de não ocorrer em todos os casos, a especificidade dessas dificuldades está na elaboração que os próprios pais e mães fizeram ao longo de suas vidas, de sua homossexualidade e de seu possível papel como pais e mães.

De fato, é preciso passar por um processo quase sempre doloroso para se reconhecer e se aceitar como homossexual. Como produto desse processo, fazendo de forma favorável, uma pessoa pode ser especialmente valiosa e madura; mas se, por outro lado, não se resolverem bem esses problemas, alguns aspectos de seu desenvolvimento podem ficar ameaçados. Parece que os homossexuais, de fato, têm mais problemas de saúde mental que o restante da população. Atualmente sabemos que essas dificuldades e problemas não são inerentes ao fato de ser homossexual, mas sim às causas antes apontadas. Entretanto, e é o que tentamos explicar agora, sejam quais forem as causas, pode ocorrer que os seus efeitos

> *É preciso passar por um processo quase sempre doloroso para se reconhecer e se aceitar como homossexual*

se convertam em um problema para exercer a paternidade e a maternidade. Certamente, isso também pode acontecer em outras histórias de vida quando, por uma ou outra razão, tenham sofrido muito.

Não estamos dizendo que aqueles que sofreram não podem ser bons pais ou boas mães, mas sim que, se elaborarem bem seus problemas, podem ser melhores; destacamos também que, em alguns casos, esses sofrimentos podem ter deixado marcas que dificultarão o exercício da paternidade ou da maternidade.

Naturalmente, esses problemas e dificuldades não estão presentes na maior parte dos homossexuais, mas parece que ocorrem de forma mais potencializada entre eles.

Nesse sentido, compreendemos que exista um discurso duplo, feito por aqueles que acreditam defender os homossexuais ou pelos próprios homossexuais; no entanto, deve-se reconhecer que, a partir do ponto de vista das crianças, este discurso duplo é contraditório e tem implicações especiais:

- Discurso a: "Nesta sociedade estamos muito mal, eu sofri muito, tive um péssimo relacionamento com meus pais, as pessoas nos fazem sofrer demasiadamente".
- Discurso b: "Está tudo bem, não há nada a temer, não se deve falar de problemas específicos para cuidar de filhos".

Consideramos que é necessária coerência para reconhecer que ocorrem muitas coisas, muitas delas indesejáveis, que podem nos fazer passar trabalho. Reconhecer os problemas é o primeiro passo para enfrentá-los bem. Inúmeros homossexuais têm consciência do que afirmamos.

Vejamos um exemplo: a seguir reproduzimos uma carta que um casal de lésbicas me escreveu em 2004.

Querido Félix:

Fui sua aluna. Ainda lembro de todas as suas aulas, mas mais especialmente as que tratavam de relacionamentos afetivos e sexuais. Atualmente estou namorando uma moça, somos lésbicas. Já estamos juntas há cinco anos e, no que diz respeito à nossa vida pessoal, tudo está muito bem. No que diz respeito à nossas famílias, nossos pais nos apoiam, minha mãe nos aceita bem, mas a mãe de minha companheira, não.

Estou escrevendo para você, porque não sabemos se seria conveniente ter um filho ou uma filha por meio de reprodução assistida (minha parceira, eu ou as duas). Já nos informamos sobre isso, e é possível.

Continua

Continuação

Como seria de se esperar, fomos uma de cada vez, como mulheres solteiras e não nos referimos ao lesbianismo

Adotar seria outra possibilidade teórica, mas, claro, teríamos de adotar como mulheres solteiras.

No entanto, ficamos com dúvidas sobre se nossos filhos ou nossas filhas sofreriam devido à rejeição social, se conseguiríamos que os avós os aceitassem bem, etc. E, sobretudo, minha companheira disse que, devido à má experiência familiar que teve, não sabe se está preparada para ser mãe, tem medo, teme não fazer bem à criança. Eu a amo muito e estamos muito bem, mas ela tem alguns períodos de muita ansiedade, acredita que seus pais não aceitarão que tenhamos filhos.

Queremos falar com você...

Esses medos são lógicos, estão repletos de sentido comum. Naturalmente não as tornam desqualificadas, pelo menos nesse caso. No entanto, podem existir homossexuais e também heterossexuais, por outros motivos ou dificuldades reais, que deveriam pensar duas vezes antes de ter filhos.

Todavia, como esses problemas não ocorrem com todas as pessoas homossexuais e, sobretudo, como não estão relacionados com o fato de ser homossexual, não os desqualificam para ter ou para adotar filhos. O que é racional, assim como para outras pessoas:

- Ser responsáveis e decidir ter filhos somente quando possam exercer a paternidade ou a maternidade com eficácia.
- Serem declarados idôneos para a adoção se cumprirem as condições colocadas pelos profissionais em cada sociedade.

Vejamos com maior detalhe tais critérios.

De fato, isso quer dizer que, em primeiro lugar, os homossexuais devem ser responsáveis (certamente, como o restante das pessoas, mas nesse caso, de maneira específica, de acordo com sua biografia sexual e sua própria evolução) e ter filhos ou candidatar-se à adoção quando considerarem que estão suficientemente estáveis emocional e socialmente.

Ter filhos e cuidar deles é a maior responsabilidade que um ser humano pode adquirir. Tal tarefa deve ser tomada com responsabilidade e, quando for possível, avaliar os pais e as mães, como é o caso da adoção, deve-se exigir deles idoneidade.

Deve-se ter filhos não para solucionar carências ou problemas pessoais, nem tampouco com a finalidade de demonstrar que direitos foram adquiridos, mas sim para dar vida e cuidar de meninos e de meninas, para proporcionar a eles uma vida boa, feliz, garantindo, assim, seu bom desenvolvimento.

Os homossexuais devem ser responsáveis e ter filhos ou candidatar-se à adoção quando considerarem que estão suficientemente estáveis emocional e socialmente

As perguntas que não devem ser feitas são:

- Tenho direito a ter um filho?
- Posso ter um filho?
- Viverei melhor com um filho?

Finalmente, não se deve ter filhos para solucionar problemas, nem para instrumentalizá-los com outras finalidades, mas sim para cuidá-los e apoiá-los incondicionalmente em seu próprio projeto de vida.

Perguntas adequadas a serem feitas são:

- Uma criança se desenvolverá bem comigo (ou conosco)?
- Estou disposto a cuidar de uma pessoa para que ela tenha sua própria vida, seus próprios projetos, seus próprios objetivos?

Essas perguntas devem ser feitas por todos aqueles que desejam ter ou adotar crianças, mas neste caso especialmente, pelos homossexuais, que não devem confundir sua luta legítima em defesa de seus direitos (têm direitos, mas não uma decisão concreta de ter ou adotar crianças) com as razões que as podem levar (uma resposta positiva às últimas perguntas propostas), legitimamente, a ter e a cuidar de crianças.

RAZÕES INADEQUADAS PARA DECIDIR TER OU ADOTAR CRIANÇAS

1. **Eu tenho direito a ter filhos como os demais.**
2. **Dessa forma eu exercito um direito.**
3. **Dessa forma demonstro que os homossexuais possuem direitos.**
4. **Preciso ter filhos para dar um sentido a minha vida.**
5. **Acho que se tiver filhos estarei melhor afetivamente.**
6. **Nosso relacionamento se fortalecerá se tivermos filhos.**

RAZÕES ADEQUADAS PARA DECIDIR TER OU ADOTAR CRIANÇAS

1. **Posso /podemos (o casal) oferecer à criança condições adequadas para que se desenvolva bem. Tenho/temos equilíbrio emocional, recursos, disponibilidade, etc.**
2. **Acredito que vale a pena dar vida a outras pessoas e cuidar delas.**
3. **Quero ajudar outra pessoa a se desenvolver bem, a ser feliz e a ter sua vida.**

Os demais familiares

Uma segunda fonte de problemas específicos pode ter sua origem nos demais familiares.

Como sabemos, logo a seguir insistiremos nisso a partir de uma perspectiva positiva, os familiares (os avós, os tios, os primos) influenciam de maneira crucial o processo de socialização das crianças.

Verdade é que, na atualidade, muitas são as crianças que têm pouco contato com os avós, com os tios e com os primos, devido à grande mobilidade populacional e ao estilo de vida das grandes cidades. Essa é uma carência bastante presente (sejam os pais heterossexuais ou homossexuais).

No entanto, ao que nos referimos neste tópico é que, sendo desejável tal contato, no caso das famílias homoparentais, os filhos podem se deparar com mais um problema: a rejeição ou a insegurança na aceitação por parte de seus avós, tios, primos.

Naturalmente, essa rejeição e essa insegurança são injustificadas; no entanto, não significa que não sejam realidade.

Os avós pertencem a uma geração que não aceitava a homossexualidade e, em alguns casos, pode ser que eles não tenham mudado de opinião ou que seja difícil aceitar essa nova configuração social. Os tios e os primos são mais jovens, mas fazem parte de uma sociedade na qual a homossexualidade continua sendo vista com maus olhos por muitas pessoas.

Esse problema específico não é algo do passado, principalmente porque estamos em uma sociedade ainda muito dividida sobre esse tema, na qual existem instituições muito poderosas que seguem orientando seus fiéis e a sociedade a assumirem uma postura contrária ao matrimônio e à adoção homossexual.

Por isso, deve-se fazer o possível para prevenir esse problema ou para confrontá-lo com eficácia, ajudando essas famílias, para que abandonem sua ignorância e sua homofobia. Falaremos disso mais adiante.

Sempre existe a possibilidade de prescindir do restante da família; no entanto, isso é extremamente difícil nesse caso, pois, como indicaremos, ela se torna mais necessária.

A mudança da orientação do desejo de um dos progenitores

Pode ser especialmente difícil conduzir situações nas quais as crianças tenham um pai ou uma mãe heterossexual (em sua família de origem) e vivam atualmente em uma família homoparental (com pais homossexuais, porque seu pai ou sua mãe mudou de orientação do desejo e de parceiro).

> *Nas famílias homoparentais, os filhos podem ter mais uma dificuldade: a rejeição ou a insegurança na aceitação por parte de seus avós, tios, primos*

> Minha mãe agora é lésbica e está vivendo com outra mulher. Eu moro com elas muito bem, mas meu pai (o que esteve casado com minha mãe) não aceita essa situação e vive brigando com a gente. Ele diz que tem que me salvar das más influências.

Explicar essa diversidade e, sobretudo, encontrar apoio e colaboração do pai ou da mãe heterossexual nem sempre é fácil, porque aos problemas da separação também pode se unir a homofobia. Esses pais ou essas mães heterossexuais podem estar tentados a usar o poder da rejeição social pela homossexualidade contra seu ex-parceiro, colocando a criança diante de graves problemas e dificuldades especiais, submetendo-a a uma dupla pressão, com versões muito diferentes sobre homossexualidade.

Tampouco isso deveria acontecer, mas não é menos verdade que esta instrumentalização dos filhos contra o ex-parceiro, que muitos pais fazem ao se separarem, e a homofobia social podem ser aliados diabólicos de um pai ou de uma mãe irresponsável e cruel.

Inclusive, é possível que diante de determinados juízes, possa chegar a se utilizar, de forma explícita ou implícita, da homossexualidade do pai ou da mãe para obter que não seja permitido o contato dos filhos com o pai ou com a mãe homossexual.

Portanto, nos casos em que ocorrerem essas mudanças, deve-se tentar prevenir o uso da homofobia e conscientizar os pais que a instrumentalização dos filhos em uma disputa de casal é uma das maiores misérias humanas. Recorrer à homofobia como arma nesse tipo de disputa somente aumenta e torna essa miséria mais visível e poderosa.

Os juízes e os advogados têm a responsabilidade de não incentivar e nem permitir que se use a homofobia como arma contra os filhos ou o ex-parceiro. Os pais têm, por sua vez, a obrigação de buscar ajuda terapêutica se não controlam esses impulsos doentios, os quais conduzem à destruição dos demais e de si próprios, fazendo com que, ao longo da vida, percam a dignidade.

Os amigos e os vizinhos

Outro problema pode advir de amigos, de vizinhos, de meninos e de meninas da vizinhança, ou dos filhos dos amigos.

Apesar de o significado ser menor e os efeitos mais fáceis de resolver que nos casos anteriormente comentados, os pais e as mães homossexuais e seus filhos se relacionam com pessoas que são próximas por um ou outro motivo.

Espera-se que a rede de amigos e de amigas dos pais tenha se formado com o conhecimento da homossexualidade destes; sendo assim, espera-se que sejam verdadeiros amigos e amigas e que ofereçam apoio e não problemas. Assim agindo, essa rede será um maravilhoso recurso para os pais e seus filhos.

No entanto, podem ocorrer dois tipos de problemas:

- Que os amigos, apesar de tudo, não estejam seguros quanto à adoção de crianças e, portanto, as relações se tornem difíceis ou hipócritas.
- Que os amigos e as amigas sejam homossexuais, oferecendo para a criança um círculo fechado de amizades que, com alguma frequência, representem estilos de vida "separados" do restante das pessoas. Essa forma de organizar a vida é compreensível enquanto reação de defesa, mas pode resultar em que a criança viva em um "gueto" especial, que dificulte sua integração social posterior.

Os vizinhos e seus filhos, exceto nas cidades grandes, seguem tendo um papel importante na socialização das crianças. Compartilham objetos, conversam, etc. Entre esses vizinhos pode haver pessoas homofóbicas que rejeitem o contato com essas famílias e seus filhos, ou que expressem desconfianças de uma ou de outra forma.

Essa rejeição levou os homossexuais, especialmente em alguns países, a buscarem refúgio social em bairros especiais nos quais há muitos homossexuais. Compreendemos essa reação, mas eles não estão em um bom caminho. É mais adequado para os filhos de pais homoparentais estar com outras crianças de diferentes famílias, exceto quando o nível de hostilidade for muito elevado.

Por essa razão, é bom conduzir um trabalho comunitário que assegure a essas famílias e seus filhos, relações normais em uma comunidade diversa.

A escola

A escola é uma instituição fundamental para o tema que nos ocupa. Isso é evidente.

Pode ser um lugar guiado pela homofobia dos pais dos alunos, pela homofobia dos professores, pela homofobia dos alunos e pela homofobia dos currículos, atitudes e práticas educativas. Nesse caso, a escola se torna um claro fator de risco para a socialização das crianças que pertencem a famílias homoparentais e, também, para os adolescentes homossexuais.

As formas e a intensidade com as quais pode se revestir a homofobia são muitas, podendo se tornar um gravíssimo risco. Extremamente lamentáveis são os casos (reais) de pais que têm de mudar seus filhos de escola. Rejeitar essas famílias e seus filhos quando buscam matrícula nos colégios, impor dificuldades especiais, apresentar como normal ou ideal o modelo da família convencional, pedir aos pais que escondam sua orientação do desejo e que não vão juntos ou juntas como pais

A escola deve ser um fator de proteção para os casais homossexuais e seus filhos e também para os adolescentes homossexuais

ou mães às reuniões, não ensinar adequadamente educação sexual ocultando a temática da homossexualidade, discriminar essas famílias ou seus filhos de uma ou de outra forma, fazendo piadas, insultando, agredindo ou permitindo que essas coisas ocorram, estão entre as possíveis manifestações da homofobia.

Teremos controle sobre a homofobia na escola pública? Deveríamos ter. Um estado não-confessional pode, mesmo em se tratando de ensino privado, consentir com a homofobia em tal ambiente escolar? A homofobia é inaceitável tanto na escola pública quanto na particular, posto que atenta contra os direitos individuais básicos. Lamentavelmente, entretanto, sabemos que o governo não possui condições de evitar tais riscos.*

A escola pode e deve ser uma instituição que funcione de maneira tão adequada que seja para estes pais e mães homossexuais e seus filhos um apoio e um fator de proteção: aceitando bem e de forma explícita os diferentes tipos de família, incluindo, nos conteúdos de educação sexual, uma abordagem adequada da homossexualidade, que favoreça a tolerância pela diversidade, e da diversidade na orientação do desejo, prevenindo atitudes e condutas de rejeição da homossexualidade, criticando e punindo duramente as manifestações homofóbicas. A escola deve ser um lugar em que os adolescentes homossexuais ou os filhos de famílias com pais ou com mães homossexuais se sintam aceitos, compreendidos, apoiados e amados como uma diversidade a mais.

Lamentavelmente, estamos distante dessa realidade desejável. É preciso que saibamos, apenas à guisa de indicar uma fonte de conflitos, que em todas as escolas há aulas de religião nas quais se segue a doutrina oficial, estas famílias são "deslegitimadas" e consideradas "pecadoras".** Fato é que muitos professores de religião têm posturas heterodoxas nesse aspecto e que alguns apóiam decididamente os homossexuais da forma que aqui fazemos. No entanto, muitos outros professores fazem o contrário e, no melhor dos casos, fomentam a "compaixão" com aqueles que têm "este problema da homossexualidade". Nós consideramos que esta situação real, a do ensino de uma religião que não aceita os direitos dos homossexuais e que

*N. de R.T. O Governo Federal Brasileiro lançou, em 2004, o Programa Brasil Sem Homofobia, com o intuito de promover a cidadania e os direitos humanos de lésbicas, gays, bissexuais, travestis e transexuais (LGBT), a partir da equiparação de direitos e do combate à violência e à discriminação homofóbicas.

**N. de R.T. A Constituição Federal de 1988 define o Brasil como um estado laico. Entretanto, o ensino religioso é de oferta obrigatória pela escola pública, na forma de disciplina, mas de matrícula facultativa para o aluno.

de forma implícita "deslegitima" esse tipo de família, representa um grave problema dentro da escola, principalmente em países não-confessionais. Já que nesse caso, assim como em outros, não se trata de desaconselhar ou considerar "pecado" certas condutas individuais (por exemplo, as relações sexuais anteriores ao casamento), mas sim a "deslegitimação moral" de uma instituição social (os casais homossexuais e as famílias homoparentais), reconhecida pela sociedade por meio de seus representantes, em uma instituição pública e em uma sociedade não-confessional.

Se já é doloroso e nocivo para os homossexuais serem discriminados no discurso da igreja ou em locais públicos, parece inaceitável que sejam também na escola.

Sabemos que esse é um problema difícil de resolver e que não podemos ter a pretensão de resolvê-lo impedindo que a Igreja Católica ou qualquer outra pregue sua doutrina; no entanto, dentro da escola e em um país não-confessional não se deve ter limites? Nos dirão que somente vão às aulas de religião aqueles que assim desejam. Todavia, aquelas crianças que forem educadas de acordo com tal ensinamento, poderão ser tolerantes com os homossexuais e seus filhos e com as famílias homoparentais e seus filhos sendo eles homossexuais? Certamente que não.

Com essa polêmica, que reconhecemos ser difícil de resolver, queremos apontar os problemas que as famílias homoparentais e seus filhos podem encontrar na sociedade e, ainda, dentro do ambiente escolar.

Consideramos que todos nós devemos fazer essa reflexão: o governo, os partidos que postergaram a decisão sobre o direito dos homossexuais formarem famílias, os que são contrários e a própria Igreja Católica. A pergunta é esta: como se deve proceder, sem perder o direito da liberdade de expressão, para não tornar difícil a vida dos adolescentes homossexuais ou daqueles que vivem em lares homoparentais? Já que o fundamental seria que essas crianças não sofressem as consequências dessa polêmica, fruto de uma sociedade dividida.

A sociedade e os meios de comunicação

A sociedade em geral, suas manifestações culturais e, particularmente, os meios de comunicação podem gerar problemas para as famílias homoparentais e seus filhos.

A sociedade atual é muito diversa e rica e, por isso, torna-se difícil tecer comentários generalizantes. Nela podem-se encontrar manifestações homofóbicas, mas também pessoas, produtos culturais e programas que aceitam bem a homossexualidade, inclusive que a defendem abertamente.

Nesse sentido, as coisas mudaram muito e parece que continuarão a mudar em uma boa direção.

No momento, todavia, esse debate, devido à rejeição do qual está cercado, provoca graves problemas sociais, que os homossexuais conhecem muito bem já que os têm experienciado frequentemente.

É certo que a situação é distinta dependendo do contexto: temos desde aqueles que aceitam os homossexuais e essa formação de família, e aqueles que abertamente se opõem e são homofóbicos.

Como profissionais dedicados a trabalhar com a infância, pedimos para todas as pessoas, especialmente para os conservadores e para a Igreja Católica que, por favor, em suas palavras e atos, reflitam sobre o bem-estar das crianças que já vivem nesses tipos de família. Porque elas, atualmente, estão assim caracterizadas:

- Não sabemos seus nomes.
- São menos conhecidas.
- São menos aceitas.
- Não têm reconhecimento social.
- Não figuram nas estatísticas.
- Não sabemos quantas são.
- São objeto de polêmica, inclusive por parte de instâncias que gozam de grande influência moral.

> Minha mãe é extremamente religiosa, chega a ser beata, e me preocupa muito porque não irá aceitar que me case com meu namorado e que adotemos filhos. Seria uma grande tragédia para ela.

> Meu filho tem nove anos, caçoam dele na escola, tornando sua vida impossível porque tem trejeitos [...] somente por isso.

Em uma sociedade na qual instituições muito significativas e determinadas influências conservadoras não aceitam estes fatos e anunciam graves consequências, não se pode desconsiderar esse problema.

Ser homossexual não é considerado uma boa notícia, nem uma notícia que passa despercebida em nossa sociedade; é, seguramente, uma informação ruim para a maioria dos pais de filhos homossexuais e uma dramática notícia inicial para grande parte dos adolescentes que tomam consciência de sua homossexualidade.

Preocupa-nos, no sentido que indicamos anteriormente, que as manifestações homofóbicas ainda sejam realidade no mercado de trabalho, nos meios culturais, nos meios de comunicação. No entanto, merece nossa atenção também o debate social sobre esse tipo de família, isto é, as famílias homoparentais.

A divisão dos partidos políticos sobre o tema, o interesse que para eles têm eleitoralmente os homossexuais, a instrumentalização desse debate com outros fins, é claramente preocupante. Certamente isso é inevitável; mas seria desejável que todos pensassem que, por trás dessa polêmica, existem pessoas, crianças, que merecem um esforço para que suas opções não se tornem um desgastante debate nacional. Deveríamos encontrar uma solução, deveríamos poder dizer para todas as crianças que se encontram nessas famílias que faremos o possível para que não se sintam instrumentalizadas e prejudicadas por uma luta entre posições adultas, que tornam sua vida extremamente dolorosa. A verdade é que sonhamos com o dia em que esse tema, como ocorreu com outros, deixe de ser de "direita" ou de "esquerda". Direitas e esquerdas cometeram, durante séculos e décadas, graves erros nesse assunto.

O interesse que para os partidos políticos têm os homossexuais e a instrumentalização desse debate com outros fins é extremamente preocupante

Em certa medida, se nos é permitida uma analogia forçada, neste tema os partidos políticos lembram os casais que se separavam e que disputavam os filhos: "quero ficar com esses eleitores" ou "mantenho essa postura para não perder esses eleitores". Seria esse o paralelismo político que, certamente, não agradará a todos.

Essa crítica não é gratuita. O debate social, tal como é proposto, constitui-se num fator de risco social para os homossexuais e para as famílias homoparentais, especialmente para que seus filhos possam ser bem aceitos na vizinhança, na escola e na sociedade como um todo.

O leitor deste livro pode observar que nossa proposta profissional coincide nos objetivos finais com a proposta que o governo espanhol fez no ano de 2005 por intermédio da legislação; no entanto, não significa que, pelo menos teoricamente, não houvesse alternativas e, sobretudo, que o processo não pudesse ocorrer de uma maneira melhor. O ato de efeito legal e o intenso debate talvez pudessem ter ocorrido de outra forma. Em todo o caso, como profissionais, não nos compete pontificar em política, e adiantamos que concedemos ao leitor e aos partidos políticos, como não seria assim?, o mesmo direito a ter uma opinião e uma postura diferente da que nós possamos defender.

Que esses comentários profissionais sirvam para instigar em todos os poderes públicos uma reflexão: poderíamos pensar racionalmente sobre esse assunto e buscar alguma solução que não nos leve a instrumentalizá-lo com outros fins que não sejam a preocupação com o bem-estar dos homossexuais e seus filhos? E o mesmo dizemos para os casais que tornam a vida mais difícil instrumentalizando os filhos em toda essa polêmica. O exemplo é forçado, mas esperamos que sirva para entender o que queremos dizer.

O desenvolvimento de meninos e meninas

Existem outros possíveis problemas que, pelo menos em nossa sociedade, tal como é atualmente, poderíamos considerar evolutivos. Referimo-nos ao processo que as crianças passam para entender e para aceitar bem duas coisas fundamentais:

> Minha família é diferente da maioria, e ela é um tipo de família que não apenas é legítima e real socialmente, mas que vai bem.
>
> Existem homens e mulheres, meus pais são dois homens (ou duas mulheres), enquanto eu sou...; no entanto me amam e tudo está bem.

É evidente que mais cedo do que imaginamos, a partir dos dois anos, os meninos e as meninas que têm famílias homoparentais se darão conta (mesmo que ainda não tenham ocorrido problemas como os anteriormente citados) que seus pais são diferentes, especiais, que, no melhor dos casos, pertencem a uma minoria. As crianças fazem as primeiras perguntas muito antes mesmo de poder entender as respostas. Por isso, as respostas corretas, nas quais se diz para elas que crianças podem ser criadas por uma ou por várias pessoas, de diferentes sexos ou do mesmo, devem ser acompanhadas de uma "experiência" real de bem-estar nessa família e no restante dela também (avós, tios, primos), na escola de educação infantil. As explicações não terão uma grande serventia (embora devam ser dadas), mas o essencial nos primeiros anos é a experiência de ver que essa família funciona bem. E não estranhemos que as crianças acabem entendendo, já que elas são muito "comparativas" e, nesse caso, sua família é a diferente, a minoritária. Por isso, deve-se cuidar, especialmente nestes anos em que têm pouca resistência aos insultos, à rejeição ou à marginalização, não apenas o que se diz, como também o que podem experimentar. Nunca bastam as palavras "amar é agir e não somente ter boas intenções", especialmente durante a primeira infância.

É fundamental que a versão dada na família nuclear seja apoiada pelos outros membros da família e pelos educadores:

> Sua família é assim, tudo está bem, eles (o) (a) amam e sabem cuidar de você. Você é uma pessoa de sorte.

A prioridade, nos primeiros anos, é a experiência de ver que a família homoparental realmente dá certo

Na realidade, muitas perguntas feitas em sexualidade têm, neste caso, sua especificidade ou seu problema incluído: de onde vêm as crianças?; como elas são feitas?; como duas mulheres ou dois homens podem ter filhos? Por isso, há de se considerar tudo o que foi dito nos outros capítulos sobre como deve-se conduzir a educação sexual e como deve-se apresentar o tema da diversidade de tipos de família.

À medida que avançam cronologicamente, especialmente se as coisas são conduzidas de forma apropriada, no ensino fundamental será mais fácil entender a diversidade de tipos de família e o direito dessa minoria a ser como é, porque não restam dúvidas que as famílias homoparentais podem funcionar bem.

A veracidade nas respostas, a atitude tranquila, a aceitação de todas as diversidades (não falando mal dos outros tipos de família) e, sobretudo, a experiência de que seu lar é um lugar maravilhoso, é o quanto deve-se e pode-se oferecer a essas crianças.

Nunca se deve transmitir aos filhos de famílias homoparentais hostilidade ou críticas sobre o tipo de família convencional, apesar de estarem sofrendo as consequências de uma falta de aceitação social.

Uma coisa é que algumas ou muitas pessoas convencionais não aceitem bem a homossexualidade (o que não deixaremos de criticar), e outra bem diferente é que se transmita aos filhos de homossexuais a ideia e os sentimentos de que essas famílias são inadequadas, más, etc. Não se deve esquecer que a defesa da própria diversidade não deve ser feita nunca contra outras diversidades.

Já discorremos sobre o fato de ter dois pais ou duas mães quando nos referimos aos argumentos contrários à adoção por parte de homossexuais.

Como dizíamos, entendemos que não existem razões para acreditar que esse tipo de família afete a aquisição da identidade sexual (não há motivos para esperar que se tornem transexuais) e que não devemos temer o fato de que as características de gênero possam ser questionadas.

Todavia, como apontamos neste mesmo capítulo, talvez gerasse alguma dificuldade no processo de identificação com adultos: pessoa que se ama, se admira, se deseja imitar, etc. Não encontramos pesquisas definitivas nesse campo, exceto de autores que asseguram que acarretará sérios problemas, e de outros que dizem não ter encontrado nenhum problema. Não podemos nos pronunciar definitivamente sobre esse tema, isso é o que podemos dizer honestamente. Não parece que esse problema seja insuperável, como anteriormente indicamos. Entretanto, podemos assegurar, com certeza, que o mais importante é que as crianças encontrem adultos para amar, admirar e imitar, e o que consideramos o essencial: ter um coração empático, reger-se por valores sociais como a justiça, a igualdade, a dignidade, a solidariedade, gozar a vida e fazer com que essas crianças experimentem a amizade, os cuidados amorosos e o amor. Consideramos que se isso assim ocorrer, não irá faltar o mais importante, embora não tenham um progenitor de seu sexo.

A defesa da própria diversidade nunca deve ser feita contra outras diversidades

Pode ser que este processo de identificação com adultos esteja mediado em alguma forma pelo sexo dos pais e que facilite ter um progenitor do mesmo sexo, mas, se isso ocorre, não encontramos razões para prever graves problemas e carências. O que sabemos atualmente não justifica em nenhum caso que esse suposto problema, se existir, deva nos levar a impedir ou a desaconselhar que pessoas homossexuais tenham filhos.

Em resumo: todos esses possíveis problemas que citamos não têm como finalidade alarmar a sociedade, nem induzir homossexuais a renunciar ao fato de ter filhos. Seu objetivo é esse:

- Não negar, ocultar ou desvalorizar os possíveis problemas, coisas que encontramos em algumas publicações, que para defender os direitos dos homossexuais adotam essa atitude.
- Aconselhar todos a sempre pensar e fazer as coisas em função do bem-estar das crianças, porque toda pessoa que nasce tem o direito de ser protegida, cuidada adequadamente, aceita incondicionalmente, estimada e amada por si mesma e não em função de interesses adultos.

Se for oferecido às crianças aceitação incondicional, afeto, estima e cuidados, elas resistirão às dificuldades.

Por último, também é necessário dizer que as crianças podem desenvolver-se bem mesmo em contextos com alguns problemas. Não é o ideal, mas faz parte do curso da vida suportar certos problemas e dificuldades, resistir às suas influências perniciosas e viver com um razoável bem-estar: os filhos de classes sociais baixas, os filhos de famílias com dificuldades de uma ou de outra ordem, etc. A vida perfeita e a família perfeita não existem. A vida sempre está ameaçada em algum nível e, lamentavelmente, é bastante comum passar por acontecimentos estressantes.

Se for oferecido às crianças o fundamental: aceitação incondicional, afeto, estima e cuidados, elas resistirão às dificuldades

Conselhos para famílias com pais e mães homossexuais

Pais homossexuais e avós de netos de pais homossexuais, o que fazer?

Primeiro círculo

É fundamental que os pais as e mães mostrem para as crianças, a partir dos 3 anos, que elas fazem parte de mais uma modalidade de família. Que, embora sejam minoria, não são a única família desse tipo. Devem falar abertamente sobre o tema. Se os pais mostram-se seguros e convictos, os filhos podem se sentir bem. Conhecer outras famílias na mesma situação sempre facilita as coisas para os filhos, apesar de não sermos partidários de que se formem grupos de determinados tipos de famílias, apartadas do restante da sociedade.

Os pais e as mães devem buscar o contato e a relação com o restante da família (avós, tios, primos), a fim de que eles ajudem nos cuidados dos filhos, desfrutem da companhia dos netos. Desse modo, também os meninos e as meninas dessas famílias terão muitos referenciais em uma segunda legitimação valiosa: a dos avós, tios e primos. A isso se refere o segundo círculo.

Segundo círculo

No processo de socialização há uma função especial desenvolvida pelo restante da família: os avós, os irmãos e as irmãs dos pais, os primos e as primas. Esse círculo familiar é muito importante: que se sintam aceitos e queridos como família e como netos, sobrinhos, primos, etc. Que os filhos vejam que seus pais são bem aceitos.

Não se deve esquecer que uma adequada figura de apego é condição necessária para o desenvolvimento emocional e social dos filhos e das filhas; no entanto, várias figuras de apego são melhores que uma. Assim, a criança tem contato com uma maior diversidade e os cuidadores podem exercer uma vida pessoal, social e de trabalho mais satisfatória.

Dessa maneira, incentivamos todos os integrantes da família a se unirem e se cuidar mutuamente, tal qual ocorre em muitos casos com uma família com pai e mãe tradicionais. Estamos perdendo a realidade do "clã familiar", é possível que seja o melhor para os filhos e para os netos de todas as famílias, mais ainda nos casos de famílias com problemas específicos. Se o clã familiar funciona bem nesse sentido, as crianças estão mais amparadas e se sentem melhor:

Várias figuras de apego são melhores que uma

O que dizem, sentem e fazem meu avô e minha avó é fundamental para que eu me sinta bem. O que dizem, sentem e fazem meus tios e meus primos é fundamental para mim.

Terceiro círculo

O seguinte círculo é formado por outras crianças, pela escola, pelos vizinhos da casa, pelos conhecidos do bairro e pelos colegas de escola. A conduta destes depende muito, por sua vez, dos pais desses colegas e dos professores. Deve-se assegurar que esse círculo seja tolerante e que aceite bem esses tipos de crianças e suas famílias. Pode bastar a uma criança que um amigo ou uma amiga a aceite bem, mas o melhor é que asseguremos a ela todo este contexto.

Se cuidarmos, esse círculo pode ser controlado, sobretudo se a escola aborda o tema de forma adequada: de maneira aberta e aceitando todos os tipos de família, em especial, as famílias homossexuais.

Quarto círculo

A partir daqui é mais difícil controlar o entorno externo: os meios de comunicação, outras crianças, a sociedade em geral. Também devemos trabalhar pela mudança nesse sentido. Enquanto isso, se os três círculos funcionam bem (pais, família, outras crianças, professores) pode-se superar as dificuldades apontadas e não haveria motivos para esperar problemas especiais.

No entanto, as cidades, os meios de comunicação ou as associações culturais teriam que tornar normal a aceitação desse tipo de família.

Finalmente

Por tudo o que indicamos até agora, não somente devemos aceitar as famílias homossexuais já existentes, como também devemos aceitar que elas possam adotar crianças.

Devemos aceitar, sem impor condições, o direito dos homossexuais a formar uma família; se negamos isso, atentamos contra os direitos humanos e contra a essência da Constituição. Os homossexuais têm as mesmas necessidades afetivas e sexuais que os demais; no entanto, as resolvem com pessoas de seu sexo: em nome de que vamos negar o direito deles de viver, criar vínculos, se amar?, e por que deveriam fazer isso tudo em condições sociais e legais mais difíceis?

Em que pese o ponto de vista dos filhos, as coisas são ainda mais claras (se for o caso): não podemos deixar as crianças, os que de fato estão nas famílias homossexuais, desprotegidas, especialmente se sua mãe ou seu pai legal tem problemas graves: por que não aceitar que seja seu outro pai ou sua outra mãe real a assegurar a elas estabilidade, proteção e cuidados?

Por fim, é necessário afirmar, mais uma vez, que os possíveis problemas de pais e de filhos deste tipo de família têm sua origem na sociedade e em nossa cultura e não na própria natureza da homossexualidade. Hipoteticamente, se a homossexualidade fosse uma minoria mais valorizada pelo restante da população, seguramente se inverteriam os termos.

Por isso, voltando a uma sociedade possível e desejável, caberia dizer que chegou o momento de aceitar a diversidade, também a familiar, não criando problemas a nenhuma pessoa para resolver suas necessidades interpessoais em razão de sua orientação do desejo, e colocando os filhos e as filhas dessas famílias em situação de desproteção.

No que se refere ao processo de adoção, a homossexualidade não deve ser uma condição desqualificadora. Os homossexuais, solteiros ou casados, deveriam passar pelas avaliações que os profissionais fazem com os demais aspirantes a pais e mães. Tampouco deveriam fazer de seu direito uma reclamação para que os profissionais cedessem e atestassem sua idoneidade para adotar. Que os profissionais abandonem seus preconceitos e, fora isso, deixemo-los trabalhar. Que analisem sua idoneidade e os possíveis problemas específicos, assim como os recursos para superá-los.

É uma boa notícia social (nacional e internacional) que os homossexuais queiram cuidar de crianças quando, infelizmente, existe tanto maltrato, abandono e negligência.

Uma criança não pode ser instrumentalizada para que alguém satisfaça um direito ou desvende o sentido da vida. As crianças merecem cuidadores que já tenham encontrado um sentido para viver, com ou sem filhos, e que estejam dispostos a cuidar dos filhos incondicionalmente, a conceder uma vida autônoma, condições que também se aplicam a outras pessoas que adotam ou que recorrem às técnicas da reprodução assistida.

Estamos certos de que os homossexuais saberão valorizar sua condição como pais e mães, porque viveram bem ou padeceram na infância, sabendo, assim, a importância de ter uma família adequada e que, por isso, estarão envolvidos nessa experiência somente quando se considerarem capazes e se sentirem motivados a continuar o milagre da vida, da vida de outras pessoas; porque se deve buscar sentido para a própria vida sem instrumentalizar as crianças.

Podemos saber mais

Bibliografia comentada

COLECTIVO HARIMAGUADA (1990): *Educación sexual. Proyecto para infantiL primaria y secundaria.* Las Palmas. Cabildo canario.
Projeto de educação sexual mais desenvolvido da Espanha que situa de forma adequada o tratamento da homossexualidade.

LÓPEZ, F. (2005): *Educación sexual.* Madrid. Biblioteca Nueva.
Trata-se de um livro sobre educação sexual no qual se encontra contextualizado o tema da orientação do desejo, também o desejo homossexual. Porque somos partidários de que se trabalhe esse tema com naturalidade dentro do contexto geral de educação sexual.

LÓPEZ, F. (2005): *La educación sexual de los hijos.* Madrid. Pirámide.
Apresenta-se a orientação do desejo como mais um tema para a educação sexual feita pelos pais. Tudo o que se diz no livro é aplicável também aos filhos e as filhas que são ou que recentemente descobriram que possuem a orientação do desejo homossexual.
Também contribui para a tolerância de todos para com as diferentes orientações.

Indicações do revisor técnico

BENTO, B. *O que é transexualidade.* São Paulo: Brasiliense, 2008.
A autora faz uma abordagem bastante clara sobre os temas de identidade, diferença, gênero e sexualidade.

GREEN, J. N.; POLITO, R. *Frescos trópicos*: fontes sobre a homossexualidade masculina no Brasil (1870-1980). Rio de Janeiro: José Olympio, 2006.
Livro de agradável leitura, com histórias e casos de homossexualidade masculina retirados de diversas fontes.

RIOS, R. R. *A homossexualidade no Direito*. Porto Alegre: Livraria do Advogado, 2001.
O autor traça um panorama das principais teorias explicativas da homossexualidade, e aborda as questões jurídicas envolvidas com a homossexualidade.

TREVISAN, J. S. *Devassos no paraíso*: a homossexualidade no Brasil, da colônia à atualidade. São Paulo: Record, 1986.
Livro clássico sobre a história da homossexualidade no Brasil.

Indicações de *sites*

Associação Brasileira de Gays, Lésbicas, Bissexuais, Travestis e Transexuais
http://www.abglt.org.br/port/index.php

Associação Brasileira Interdisciplinar de Aids
www.abiaids.org.br

Associação da Parada do Orgulho GLBT de São Paulo
http://www.paradasp.org.br/

Centro Latino-Americano em Sexualidade e Direitos Humanos
www.clam.org.br

Nuances Grupo de Livre Orientação Sexual
http://www.nuances.com.br/conteudo/index.php

Programa Brasil Sem Homofobia
http://www.presidencia.gov.br/estrutura_presidencia/sedh/brasilsem/

Referências

ALONSO, J.; BRUGOS, V.; GONZÁLEZ, J.; MONTENEGRO, M. (2002): *El respeto a la diferencia por orientación sexual. Homosexualidad y lesbianismo en el aula.* Oviedo. Xente Gai Astur.

ASSOCIACIÓ DE PARES I MARES DE GAIS I LESBIANES (1999): *Guía para padres y madres de gays y Lesbian as.* Barcelona.

CROOKS, R.; BAUR, K. (2000): *Nuestra sexualidad.* Madrid. Thomson.

FUERTES, A.; LÓPEZ, F. (1997): *Aproximaciones al estudio de la sexualidad.* Salamanca. Amaru.

GUASCH, O.; DOMOSO, S. (2002): *Gestión familiar de La homosexualidad.* Barcelona. Bellaterra.

KLEIN, F. (1990): "The need to view sexual orientation as a multivariable dynamic process", en McWHIRTER, D.P.; SANDERSY, S.A.; REINICH, J.M. (eds.): *Homosexuality/Heterosexuality: Concepts.* Oxford. Oxford University Press.

RATHUS, S.A.; NEVID, J.S.; RATHUS, L.F. (2005): *Sexualidad humana.* Madrid. Pearson.

WESTON, K. (2003): *Las familias que elegimos.* Barcelona. Bellaterra.